Venta online

Miguel Ángel Sánchez Maza
Carlos Alberto Torres Gómez

ic editorial

Venta online

1ª Edición

Editado por: IC Editorial
c/ Cueva de Viera, 2, Local 3
Centro Negocios CADI
29200 Antequera (Málaga)
Teléfono: 952 70 60 04
Fax: 952 84 55 03
Correo electrónico: iceditorial@iceditorial.com
Internet: www.iceditorial.com

ISBN: 978-84-1184-710-0
Depósito Legal: MA 550-2025

Impresión: PODiPrint
Impreso en Andalucía - España

Nota de la editorial: IC Editorial pertenece a Innovación y Cualificación S. L.

Presentación del manual

El **Certificado de Profesionalidad** es el instrumento de acreditación, en el ámbito de la Administración laboral, de las cualificaciones profesionales del Catálogo Nacional de Cualificaciones Profesionales adquiridas a través de procesos formativos o del proceso de reconocimiento de la experiencia laboral y de vías no formales de formación.

El elemento mínimo acreditable es la **Unidad de Competencia.** La suma de las acreditaciones de las unidades de competencia conforma la acreditación de la competencia general.

Una **Unidad de Competencia** se define como una agrupación de tareas productivas específica que realiza el profesional. Las diferentes unidades de competencia de un certificado de profesionalidad conforman la **Competencia General,** definiendo el conjunto de conocimientos y capacidades que permiten el ejercicio de una actividad profesional determinada.

Cada **Unidad de Competencia** lleva asociado un **Módulo Formativo,** donde se describe la formación necesaria para adquirir esa **Unidad de Competencia,** pudiendo dividirse en **Unidades Formativas.**

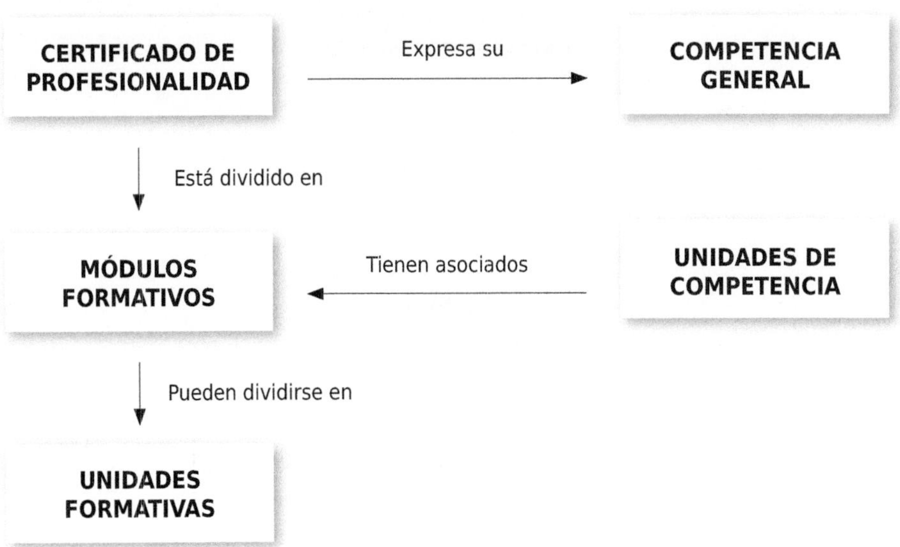

El presente manual desarrolla la Unidad Formativa **UF0032: Venta online,**

perteneciente al Módulo Formativo **MF0239_2: Operaciones de venta,**

asociado a la unidad de competencia **UC0239_2: Realizar la venta de productos y/o servicios a través de los diferentes canales de comercialización,**

del Certificado de Profesionalidad **Actividades de venta.**

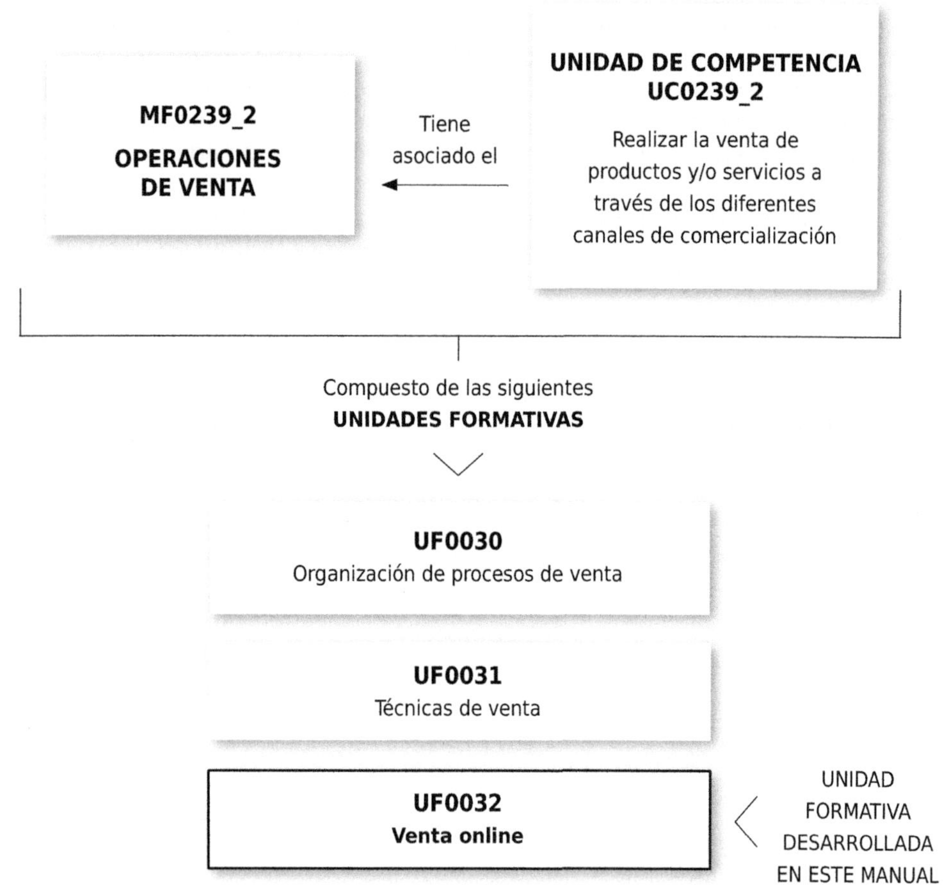

FICHA DE CERTIFICADO DE PROFESIONALIDAD

(COMV0108) ACTIVIDADES DE VENTA (R. D. 1377/2008, de 1 de agosto, modificado por el R. D. 1522/2011, de 31 de octubre)

COMPETENCIA GENERAL: Ejecutar las actividades de venta de productos y/o servicios a través de los diferentes canales de comercialización estableciendo relaciones con el cliente de la manera más satisfactoria, alcanzando los objetivos propuestos por la organización y estableciendo vínculos que propicien la fidelización del cliente.

Cualificación profesional de referencia	Unidades de competencia		Ocupaciones o puestos de trabajo relacionados
COM085_2 ACTIVIDADES DE VENTA (R. D. 295/2004, de 20 de febrero y modificaciones publicadas en el R. D. 109/2008, de 1 de febrero)	UC0239_2	Realizar la venta de productos y/o servicios a través de los diferentes canales de comercialización	· 4601.002.5 Cajero/a de comercio · 5330.001.0 Dependiente de comercio · Vendedor/a · Promotor/a comercial · Operador de contac-center · Teleoperadoras (call-center) · Televendedor/a · Operador/a de venta en comercio electrónico · Técnico de información y atención al cliente
	UC0240_2	Realizar las operaciones auxiliares a la venta	
	UC0241_2	Ejecutar las acciones del servicio de atención al cliente / consumidor / usuario	
	UC1002_2	Comunicarse en inglés con un nivel de usuario independiente, en actividades comerciales	

Correspondencia con el Catálogo Modular de Formación Profesional		
Módulos certificado	**Unidades formativas**	**Horas**
MF0239_2: Operaciones de venta	UF0030: Organización de procesos de venta	60
	UF0031: Técnicas de venta	70
	UF0032: Venta online	30
MF0240_2: Operaciones auxiliares a la venta	UF0033: Aprovisionamiento y almacenaje en la venta	40
	UF0034: Animación y presentación del producto en el punto de venta	60
	UF0035: Operaciones de caja en la venta	40
MF0241_2: Información y Atención al cliente/consumidor/usuario	UF0036:Gestión de la atención al cliente/consumidor	60
	UF0037:Técnica de comunicación y atención al cliente/consumidor	60
MF1002_2: Inglés profesional para actividades comerciales		90
MP0009: Módulo de prácticas profesionales no laborales		80

Índice

OBJETIVOS GENERALES

El Objetivo General del **MF0239_2: Operaciones de venta,** en el que queda integrada la **UF0032: Venta *online*** es:

- Realizar la venta de productos y/o servicios a través de los diferentes canales de comercialización.

Los Objetivos Generales de la **UF0032: Venta *online*** son:

- Determinar las líneas propias de actuación comercial en la venta, ajustando el plan de acción definido por la empresa, a las características específicas de cada cliente.
- Atender y satisfacer las necesidades del cliente, teniendo en cuenta los objetivos y productos y/o servicios de la empresa.
- Obtener el pedido a través de los diferentes canales de comercialización, utilizando las técnicas de venta dentro de los márgenes de actuación de venta establecidos por la empresa.
- Atender y resolver en el marco de su responsabilidad, las reclamaciones presentadas por los clientes según los criterios y procedimientos establecidos por la empresa, respetando la normativa vigente de protección al consumidor.
- Gestionar los procesos de seguimiento y posventa según los criterios establecidos por la empresa.

Unidad de Aprendizaje 1

Internet como canal de venta

Contenido

Objetivos

Los objetivos específicos de esta Unidad de Aprendizaje son:

→ Definir las variables y utilidades disponibles en Internet -páginas web, servidores y *software* a nivel usuario- para la comercialización *online* de distintos tipos de productos y servicios.

→ Aplicar procedimientos de seguimiento y atención al cliente siguiendo criterios y procedimientos establecidos en las situaciones comerciales *online*.

1. Introducción

Con la llegada de la era tecnológica y el envolvente mundo de la **globalización,** se han desarrollado estrategias de negocios que facilitan mucho más la vida de los usuarios y consumidores. Las tecnologías de la información han cambiado el modo de operar los negocios y la manera en que las empresas compiten.

En este sentido, las fronteras naturales de las empresas se están expandiendo cada vez más, provocando nuevos modelos de negocios, que se basan fundamentalmente en la **comercialización de bienes y/o servicios por medios electrónicos.**

El **comercio electrónico** es hoy en día una realidad, pero no podemos olvidar que hace diez años prácticamente no existía; sin embargo, gracias a la cantidad de usuarios volcados en el mundo de internet, este modelo se ha convertido en un elemento necesario para el comercio del siglo XXI. Así, podemos comprobar que tanto para el comprador como para el vendedor la gestión es muy cómoda y que ambas figuras se rinden ante la evidencia.

Gracias a internet, los pequeños y grandes negocios pueden disponer de un escaparate permanente, actualizable de manera ágil y sencilla, y accesible desde cualquier sitio y hora. El tiempo pasa y comprobamos que los productos pueden comprarse y venderse en cualquier sitio del mundo de forma rápida y segura. Por lo tanto, si el objetivo es comprar o vender, ¿qué mejor forma de hacerlo que sin límites de hora y lugar?

Si a estas innegables ventajas le añadimos las ya **seguras formas de pago** y la **total satisfacción de los usuarios,** podemos asegurar que el comercio *online* constituirá una forma de comercio de garantía durante mucho tiempo.

Dicho esto, a lo largo de la unidad analizaremos el **sistema de comercialización *online* del grupo empresarial LIMPISA, S. L.,** empresa líder en la comercialización y fabricación de maquinaria y productos de limpieza con sede central en un polígono industrial a las afueras de Valladolid.

2. Las relaciones comerciales a través de internet

HILO CONDUCTOR

Tras varios años de incertidumbre por la situación económica en la que se encontraba inmersa, LIMPISA, S. L. ha decidido dar el salto al comercio electrónico; sin embargo, y a pesar de los múltiples intentos por parte del personal encargado, la página web de la compañía no alcanza aún los registros de actividad esperados por la directiva. Ello se debe a que las descripciones de los productos no incluyen imágenes de ningún tipo que permitan a los usuarios identificarlos visualmente.

Teniendo en cuenta que el éxito de cualquier institución depende **tanto del conocimiento e identificación de sus miembros con los objetivos a alcanzar como de la creación de un clima de trabajo favorable,** es fundamental diferenciar correctamente entre los términos información y comunicación.

Para su esclarecimiento diremos que la **información** no es más que la transferencia de un mensaje del emisor al receptor.

El camino a seguir para la integración de internet en los negocios no es único y además depende de múltiples factores ligados a la **situación del mercado y a las características de cada organización.**

En relación al tipo de negocio que se puede realizar, existen tres **categorías principales de *e-Business:***

Business to Consumer
- Actividad empresarial dirigida al cliente.

Business to Business
- Actividad empresarial dirigida a otras empresas.

Business to Administration
- Actividad empresarial dirigida a la Administración Pública.

NOTA

Además de las tres categorías citadas anteriormente, algunos autores apuestan por incluir las siguientes:

- B2E *(Business to Employee)*, que dirige la actividad empresarial hacia los empleados.
- B2I *(Business to Investors)*, que dirige la actividad empresarial hacia los inversores.

2.1. B2B

El B2B *(Business to Business)* hace referencia a las transacciones comerciales que tienen lugar entre empresas, bien sea entre empresa y distribuidor, o productor y proveedor. En definitiva, se engloban dentro de esta categoría a las empresas que venden sus productos a otras empresas.

NOTA

Las compañías que han adoptado el comercio electrónico se encuentran un escalón más arriba que sus competidores, posicionándose como líderes del mercado electrónico y con una creciente respuesta electrónica.

El **B2B** ha venido impulsado también por la **creación de portales para la agrupación de compradores.**

Ejemplo de portal donde se impulsa el sistema B2B

Las compañías se agrupan para crear dichas páginas aglutinando fuerzas, lo que les permite negociar en mejores condiciones. El **mantenimiento de las páginas** se produce solicitando un canon por cotizar o cobrándoles a los socios una comisión del negocio realizado en el portal.

En términos generales, la expresión ***business to business*** no se encuentra limitada al entorno electrónico, sino que hace una referencia de exclusión para destacar el origen y destino de una actividad.

Ventajas del B2B

El **comercio electrónico entre empresas** es una utilidad que ha experimentado un gran auge en los últimos años, debido a la gran cantidad de **ventajas** que aporta el B2B para las empresas implicadas.

Las principales ventajas derivadas de los mercados electrónicos B2B se enmarcan dentro de las **actividades de compra y colaboración;** en este sentido, nos referimos a la rapidez y seguridad de las comunicaciones, a la integración directa de los datos de transacción en el sistema informático y al abaratamiento del proceso en sí.

Los **mercados electrónicos B2B** ofrecen a las empresas compradoras y vendedoras una serie de ventajas, por lo que es habitual que una plataforma electrónica presente un objetivo empresarial concreto y se centre en una de esas dos actividades. Por tanto, las ventajas derivadas de cada una de esas actividades tendrán un **peso diferente en función del tipo de mercado online de que se trate.**

Aunque la **reducción de costes en las compras** supone una ventaja exclusiva para los compradores, la reducción de costes de transacción, la identificación y ejecución de nuevas oportunidades de negocio o la cadena de suministro, entre otras ventajas, son aprovechadas tanto por compradores como por vendedores.

2.2. B2C

B2C o ***Business to Consumer*** es la estrategia que desarrollan las empresas comerciales para **llegar directamente al usuario final.**

Los pioneros de la estrategia B2C son la empresa fabricante de ordenadores Dell y el mayorista de libros, música y otros productos Amazon.

El **comercio electrónico B2C** es una forma de venta con gran potencial a largo plazo. En la actualidad, este tipo de comercio lo están desarrollando los sectores de distribución de artículos de alimentación y consumo; no obstante, también se aplica a instituciones financieras y a cualquier otro tipo de empresa que establezca relaciones comerciales directas con sus clientes a través de internet.

EJEMPLO

Un ejemplo de transacción B2C puede ser la compra de un par de zapatos en una zapatería de barrio por un individuo; sin embargo, todas las transacciones necesarias para que ese par de zapatos esté disponible para la venta en el establecimiento comercial forman parte del B2B o *Business to Business*.

El **éxito de las transacciones electrónicas B2C** depende de la fiabilidad de los sistemas de pago, que suelen ser a través de tarjetas de crédito; en otros casos, se posibilitan otras formas de pago como contra reembolso, en efectivo o la utilización de servicios proporcionados por otras empresas como **PayPal.**

Dentro de los tipos de empresas en este tipo de comercio, nos vamos a centrar en los **modelos basados en la publicidad.**

Alto tráfico	Nicho
- Los anunciantes presentan un alto tráfico de enfoque al intentar llegar a un público más amplio y están dispuestos a pagar una prima por un sitio que pueda ofrecer un número elevado.	- Cuando los anunciantes tratan de llegar a un pequeño grupo de compradores, que están bien definidos y claramente identificados, estamos refiriéndonos a un nicho.

2.3. B2A

El **comercio electrónico B2A** consiste en un servicio que ofrece la Administración, tanto a empresas como a ciudadanos, para que puedan **realizar trámites administrativos a través de internet** como, por ejemplo, presentación de solicitudes, pago de tasas e impuestos o solicitud de información.

Entre las **ventajas propias de este tipo de comercio** debemos destacar el considerable ahorro de tiempo y esfuerzo, la posibilidad de descargarse formularios y modelos de los procedimientos administrativos, la disponibilidad durante las veinticuatro horas del día y el mantenimiento de una información siempre actualizada.

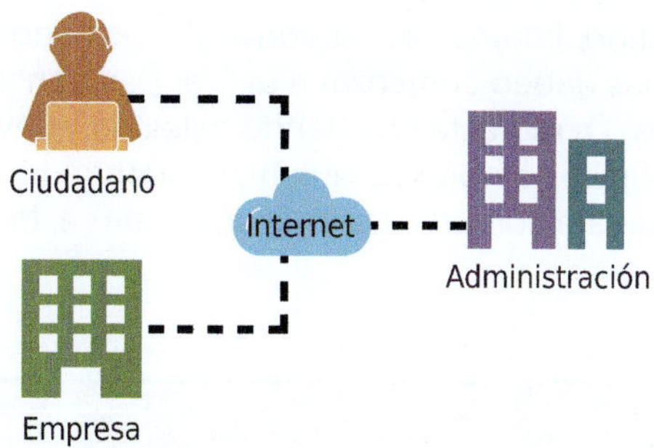

ACTIVIDAD COMPLEMENTARIA

1. Determina cuáles son los trámites más habituales realizados por los usuarios en la red y reflexiona sobre las ventajas que ofrecen estos servicios.

3. Utilidades de los sistemas *online*

HILO CONDUCTOR

Consciente de que en el ámbito comercial los buscadores constituyen una de las mejores maneras para establecer nuevos contactos y encontrar proveedores, la compañía ha hecho todo lo posible para que los clientes potenciales busquen en internet información gratuita sobre la misma por medio de palabras clave, tratando de ajustarse a sus necesidades. Así, la búsqueda de frases exactas o por nombre de dominio son solamente algunos de los recursos con los que cuentan los usuarios para localizar información relativa a los productos, servicios o la propia imagen de la compañía.

Los sistemas *online* son **aplicaciones de negocios cuyo núcleo se encuentra en la red,** es decir, permiten la realización de tareas a través de la conexión a internet.

En este sentido, internet se ha convertido en uno de los elementos que las compañías deben comenzar a utilizar para tener éxito en el mundo de los negocios. La red está ofreciendo miles de **nuevas oportunidades de negocios** para las empresas, que han encontrado en la red de redes una nueva forma para comunicarse, ganar clientes e, incluso, vender de forma electrónica.

B2B	B2A	B2C
- Se trata de un servicio de comercio desarrollado para las empresas, que facilita la gestión de proveedores. - Las pymes pueden ofrecer sus productos para ser vendidos y demandar, a su vez, algún producto.	- Automatización de gestiones y procedimientos administrativos. - Aquí se cubre todo tipo de transacciones entre las empresas y las organizaciones gubernamentales. - Disminución del tiempo de tramitaciones administrativas.	- Las empresas venden sus productos y prestan sus servicios a través de un sitio web a clientes que los utilizarán para su uso particular.

NOTA

La mayoría de los proyectos de internet se inician con un sitio web, el paso inicial para que la empresa esté presente en la red.

3.1. Navegadores: uso de los principales navegadores

Un **navegador web** es un programa informático que permite a los usuarios visualizar y navegar a través de las distintas páginas web, que están compuestas, a su vez, por textos, imágenes, listas y, lo más importante, enlaces. En este sentido, el navegador identifica todos y cada uno de los elementos que conforman la página para generar su representación visual, permitiendo a los usuarios utilizar los enlaces para navegar entre las páginas.

Algunos de los navegadores más utilizados son Microsoft Edge, Google Chrome, Mozilla Firefox, Opera, Safari. (© Fotografía: Koshiro K / Shutterstock.com)

Aunque por la naturaleza descentralizada de la web es difícil obtener estadísticas exactas de utilización de los navegadores y cualquier dato procede de fuentes parciales, existen fuentes de información que ofrecen estadísticas que pueden analizarse.

PARA SABER MÁS

En el siguiente enlace puedes observar la tendencia de la evolución sufrida por navegadores webs durante los últimos meses.

https://redirectoronline.com/uf00320101

Microsoft Edge

Microsoft Edge es un navegador web basado en *Chromium* y **desarrollado por *Microsoft*.** Funciona en los sistemas operativos *Windows* y *macOS*, y sustituye al navegador que hace unas décadas fue el más popular del mundo, *Internet Explorer.*

Botón de inicio del navegador Microsoft Edge (© Fotografía: Wachiwit / Shutterstock.com

Entre sus **características más destacables** se encuentran las siguientes:

- Posee un **cómodo sistema de pestañas** que permite tener muchas páginas en una misma ventana.
- **Memoriza las páginas más visitadas** para hacer más fácil la búsqueda y sugiere páginas a medida que se anotan en la barra de direcciones.
- Tiene un sistema denominado *lector envolvente* que **elimina las distracciones** de las páginas web, dejando solo el texto que se quiere leer. También da la opción de modificar el color del fondo para facilitar la lectura.
- Función de **copia inteligente,** en la que no es necesario dar formato al texto cuando se copia desde la web a un documento de texto o *e-mail.*
- Modo de **prevención de seguimiento,** muy útil si buscamos que las visitas o búsquedas en la web no se traduzcan en anuncios a medida.

NOTA

Actualmente no se puede seguir usando el navegador *Internet Explorer,* aunque se pueden cargar sitios que lo utilicen con la compatibilidad IE de *Microsoft EDGE.*

Google Chrome

Google Chrome es un navegador web desarrollado por *Google*. Hasta hace unos años era el tercero en el *ranking* de navegadores; sin embargo, se ha convertido en el navegador más utilizado en Internet por delante de *Microsoft Edge* y *Mozilla Firefox*, entre otros. Está disponible gratuitamente.

Página principal de Google Chrome

Sus **características** son las siguientes:

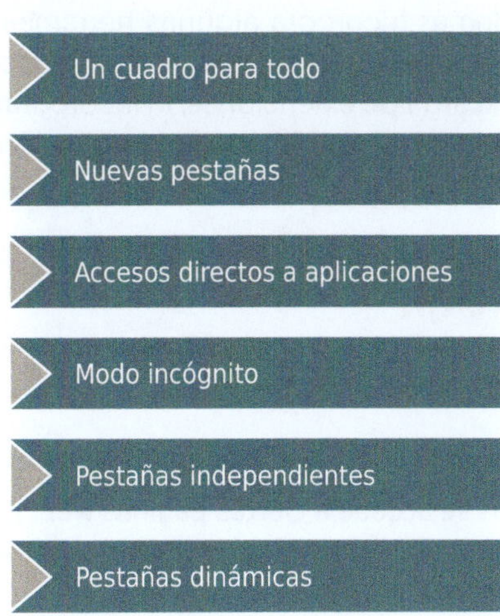

Mozilla Firefox

Mozilla Firefox es uno de los navegadores más extendidos en la práctica y, además, tiene la ventaja para el usuario de ser de libre distribución, pudiendo **descargarse de manera gratuita.**

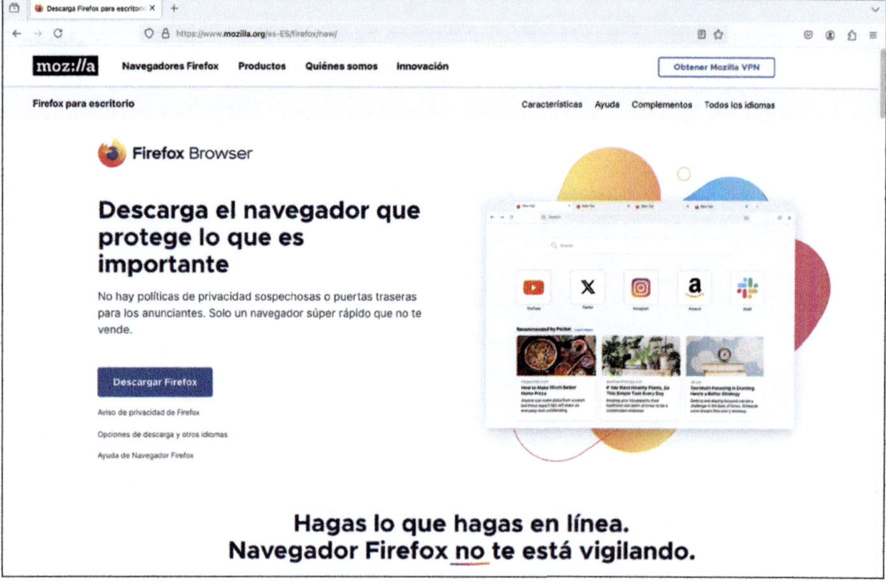

Página de descarga de Firefox

Firefox tiene las mismas características básicas que cualquier otro navegador, pero además incorpora algunas herramientas muy útiles en la navegación, como el **bloqueo de *pop-ups*,** la personalización del programa mediante la descarga de extensiones, la incorporación de buscadores en la barra de herramientas y, sobre todo, la navegación por pestañas.

DEFINICIÓN

Pop-up

Ventana que emerge de forma automática, generalmente sin que el usuario lo solicite, mientras se accede a ciertas páginas web. Por lo general, las ventanas emergentes se utilizan con el objeto de mostrar un aviso publicitario de manera intrusiva.

Safari

Safari es un navegador de código cerrado desarrollado por *Apple*. Está disponible en exclusiva para los sistemas operativos ***macOS, iPadOS*** e ***iOS.***

Página principal de Safari

Este navegador incluye, entre otras prestaciones, navegación por pestañas, corrector ortográfico, búsqueda progresiva, administrador de descargas, sistema de búsqueda integrado y vista del historial en *CoverFlow*.

DEFINICIÓN

CoverFlow

Es una interfaz gráfica en tres dimensiones que permite el desplazamiento por los diferentes documentos o imágenes, a partir de representaciones visuales de los archivos, utilizando el ratón, el teclado o los gestos.

ACTIVIDAD COMPLEMENTARIA

2. Reflexiona acerca del uso de los navegadores web y saca tus propias conclusiones sobre la evolución de los mismos a corto plazo.

3.2. Correo electrónico

HILO CONDUCTOR

Con la intención de llevar a cabo una prospección por *e-mail*, el equipo de ventas de LIMPISA está elaborando un plan de comunicación *online* con sus clientes. El problema es que algunos de los miembros de dicho equipo han confundido la prospección con el envío masivo de información a personas que previamente no han dado su permiso, lo cual podría afectar a la imagen corporativa de la empresa.

El correo electrónico o ***e-mail*** es el **sistema de intercambio de mensajes entre usuarios conectados a una red electrónica.** Se utiliza para el envío de mensajes entre usuarios conectados a la misma red, o entre usuarios que tienen sus máquinas conectadas a la red internet. Este intercambio de mensajes se produce de forma asíncrona, por lo que no se requiere la presencia simultánea de los comunicantes.

DEFINICIÓN

Comunicación asíncrona
Comunicación que se produce en momentos temporales diferentes.

Pero, ¿por qué utilizar el correo electrónico? El principio operativo detrás del correo electrónico es relativamente simple, lo cual lo ha convertido rápidamente en el **servicio más popular utilizado en internet.** Presenta multitud de ventajas frente al correo ordinario, aunque también algún inconveniente.

A continuación, se muestran las **ventajas e inconvenientes** del uso del correo electrónico:

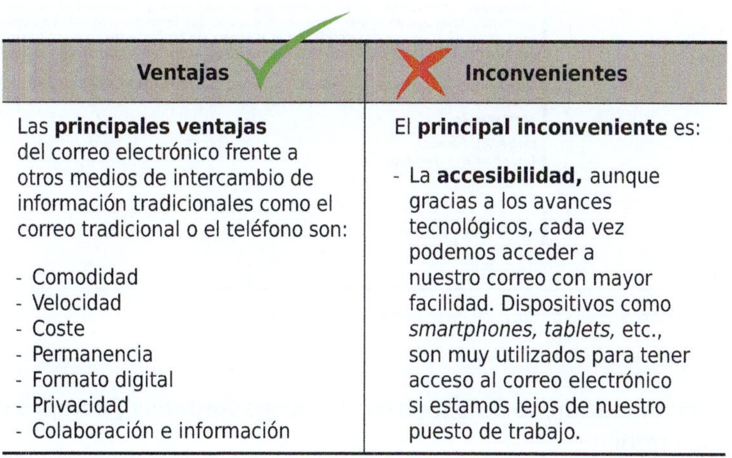

Ventajas	Inconvenientes
Las **principales ventajas** del correo electrónico frente a otros medios de intercambio de información tradicionales como el correo tradicional o el teléfono son: - Comodidad - Velocidad - Coste - Permanencia - Formato digital - Privacidad - Colaboración e información	El **principal inconveniente** es: - La **accesibilidad,** aunque gracias a los avances tecnológicos, cada vez podemos acceder a nuestro correo con mayor facilidad. Dispositivos como *smartphones, tablets,* etc., son muy utilizados para tener acceso al correo electrónico si estamos lejos de nuestro puesto de trabajo.

NOTA

Las dos ventajas principales del correo electrónico son la inmediatez con la que se envía el mensaje y el bajo coste.

Uso del correo electrónico

Las **direcciones de correo electrónico,** tanto para remitentes como para destinatarios, son dos cadenas separadas por la conocida arroba, a la derecha de la cual se describe el nombre del dominio involucrado y a su izquierda se hace referencia al usuario que pertenece a ese dominio. Por ejemplo: mruiz@limpisa.com.

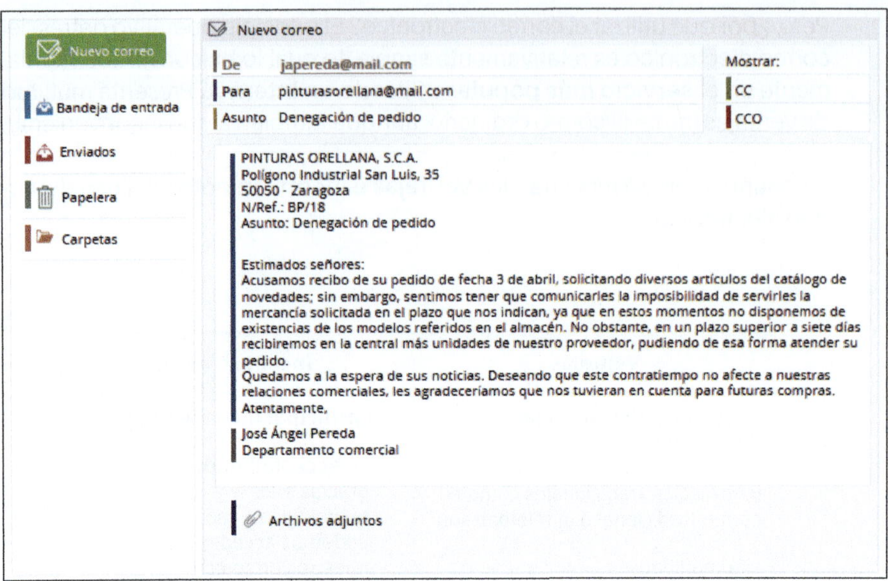

Correo electrónico, ventana de envío de mensajería

A continuación, se describen las diferentes **ventanas y campos del correo electrónico:**

- De: dirección de correo electrónico del **remitente.** La mayoría de las veces no es necesario completar este campo, ya que lo suele determinar el cliente del correo electrónico según sus preferencias.
- Para: este campo se utiliza para la dirección de correo electrónico del **destinatario.**
- Asunto: es el **título** que el destinatario ve cuando quiere leer el correo electrónico.
- CC: este campo permite que un correo electrónico **se** envíe **a una gran cantidad de personas** al escribir las respectivas direcciones separadas por comas.
- CCO: es una CC, salvo que en esta ocasión el receptor **no podrá ver la lista de destinatarios** en el campo CCO.
- Mensaje: es el **cuerpo** del correo electrónico.
- Firma: si el cliente del correo electrónico lo permite, es posible configurar una firma, esto es, **agregar una serie de líneas al final del documento.**
- Archivos adjuntos: es posible **adjuntar un archivo** a un correo electrónico, especificando su ubicación dentro del disco duro.
- Bandeja de entrada: se trata del principal elemento del correo electrónico. En ella se **reciben los mensajes** de los contactos de la cuenta y otros usuarios.

- Enviados: aquí quedan almacenadas las **copias** de los correos electrónicos **enviados** por el usuario de la cuenta.
- Papelera: contiene aquellos **mensajes que han sido** eliminados. Cuando los correos se encuentran en la papelera, todavía pueden recuperarse. Para borrarlos de manera definitiva es necesario vaciar la papelera.
- Carpetas: la mayoría de los clientes guardan los correos electrónicos en carpetas del **disco duro de su ordenador.**

Tipos de correo electrónico

Atendiendo a una serie de factores, los correos electrónicos se pueden clasificar en diferentes tipologías:

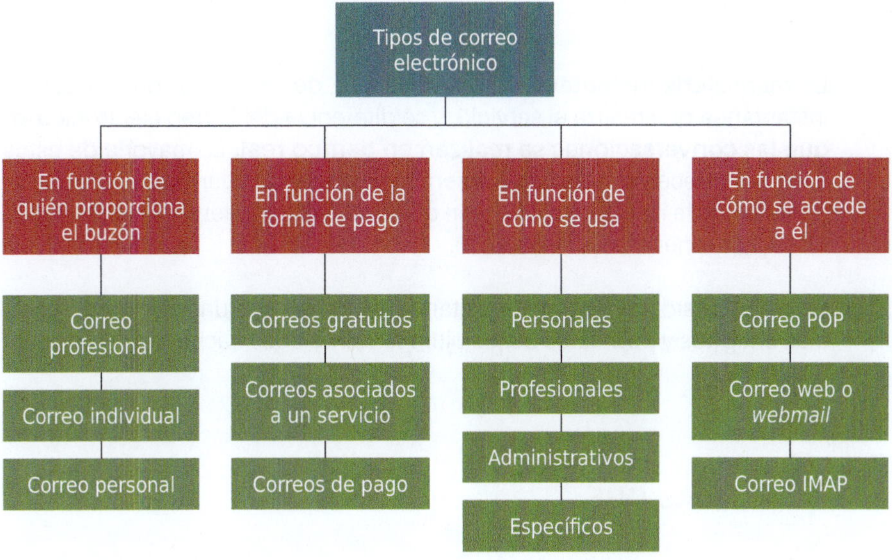

3.3. Mensajería instantánea

La mensajería instantánea es una **forma de comunicación en tiempo real entre dos o más usuarios,** basada en el texto que es enviado a través de dispositivos conectados a una red.

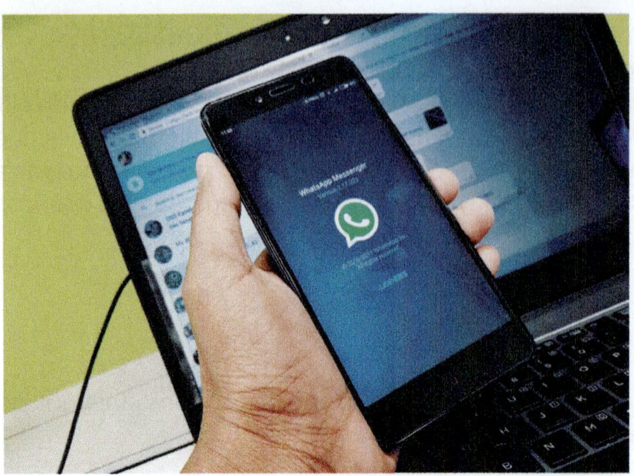

Ejemplo de mensajería instantánea (© Fotografía: AkuAlip / Shutterstock.com)

La **mensajería instantánea** requiere el uso de un cliente de mensajería instantánea que realiza el servicio, y se diferencia del correo electrónico en **que las conversaciones se realizan en tiempo real.** La mayoría de estos servicios ofrecen el **aviso de presencia,** notificando cuándo se conecta un contacto de la lista del usuario o en qué estado se encuentra y si está disponible para tener una conversación.

En base a esto, la mensajería instantánea constituye uno de los servicios más antiguos y populares de los últimos veinte años nacidos en el seno de internet.

SABÍAS QUE...

Este servicio existe desde los años setenta *(Digsby)*; sin embargo, no fue hasta principios de los noventa cuando empezó a evolucionar.

Servicios de mensajería como **ICQ, AIM, mIRC** o **MSN Messenger** fueron algunos de los precursores más populares en la década de los noventa. En este sentido, la inclusión de videollamadas ***(Skype),*** el envío de archivos o la fusión de la mensajería instantánea a través de las redes sociales ***(Facebook, X, Instagram)*** son algunos de los cambios que hemos podido vivir durante estos últimos años.

3.4. Teletrabajo

Aunque no existe una definición universalmente aceptada sobre qué es el **teletrabajo,** podemos decir que el teletrabajo abarca todas las actividades que pueden ser llevadas a cabo remotamente **fuera del lugar de trabajo habitual** y que precisan para ello del **uso intensivo de tecnologías de la información y la comunicación.**

Toda definición sobre el teletrabajo debe tener en cuenta los puntos que se detallan a continuación:

Lugar de trabajo	Distribución del tiempo de trabajo	Uso intensivo de las TIC

Lugar de trabajo

Parte del tiempo de trabajo debe llevarse a cabo fuera del entorno habitual del mismo, lo cual provoca una nueva división del tiempo de trabajo entre la residencia familiar del teletrabajador, las oficinas tradicionales situadas en centros y/o ciudades de negocios, y posibles centros de trabajo cercanos a las residencias de los teletrabajadores, conocidas como oficinas satélite o centros comunitarios.

Distribución del tiempo de trabajo

Para que una persona pueda ser considerada teletrabajadora es necesario que pase una parte importante de su jornada de trabajo **fuera de un entorno habitual de oficina.**

Uso intensivo de las TIC

Es necesario que la persona involucrada en esta nueva forma de organizar el trabajo **use estas tecnologías de manera habitual.** Si tenemos en cuenta la actual evolución de las actividades económicas, son cada vez más numerosos los trabajos que pueden realizarse con estas.

NOTA

La diferencia fundamental entre trabajo a domicilio y teletrabajo es la preponderancia de la informática y las telecomunicaciones en la realización del teletrabajo.

3.5. Listas de distribución y otras utilidades: gestión de la relación con el cliente *online*

Una lista de distribución es una herramienta que permite el envío de un mensaje a un conjunto de direcciones de correo electrónico, escribiendo a la dirección de la lista en lugar de a cada uno de ellos por separado. Tal es el caso del *e-mail marketing*, acción que consiste en el envío de mensajes con fines comerciales a los distintos usuarios.

¿Sabes en qué se diferencia de las listas de contactos que un usuario puede crearse en el agente de correo? En este sentido, una lista de distribución ofrece otras muchas funcionalidades, entre las que se encuentran las siguientes:

- Los usuarios pueden suscribirse o borrarse de la lista.
- El administrador decide quién puede suscribirse y qué mensajes llegan a los usuarios.
- El suscriptor puede dejar de recibir mensajes temporalmente.
- Los mensajes pueden recibirse agrupados cada cierto tiempo.
- El suscriptor puede acceder vía web a un histórico de mensajes remitidos a la lista.
- El suscriptor puede configurar sus opciones vía web o enviando comandos al servidor mediante correos electrónicos.

NOTA

El *e-mail marketing* puede definirse como la utilización del *mail* con fines comerciales, de forma que mediante el envío de correos electrónicos a sus clientes o prospectos pueda mantenerlos informados sobre sus productos o servicios e iniciar un diálogo en dos direcciones: empresa-cliente y viceversa.

Aunque en la definición hemos hablado del marcado carácter comercial de los *e-mails*, cabe subrayar que no todos los correos que envíe una empresa van a ser de carácter comercial, ya que muchos buscarán profundizar y generar confianza en los clientes.

El funcionamiento de las listas de distribución es muy sencillo. Solamente se requiere una **cuenta de *e-mail*** desde la que remitir y recibir los mensajes. Cuando la lista recibe el mensaje, automáticamente o bien tras la aprobación del moderador, si este existe, remite los mensajes a todos los miembros apuntados. En función del uso que se les dé, las **listas de distribución pueden clasificarse** como:

Boletín electrónico	Lista de debate
- Se emplea principalmente como medio unidireccional de información al que solo pueden escribir determinadas personas encargadas de la publicación de dicho boletín.	- Un suscriptor utiliza la lista de correo para enviar un mensaje al resto de suscriptores, los cuales pueden responder de la misma forma, pudiendo generar debates e intercambios de información.

Niveles de moderación de las listas de distribución

La **moderación de una lista** consiste en la **supervisión de lo que acontece en ella** por parte de la persona encargada, el administrador, quien decidirá, entre otros aspectos, quién puede subscribirse, si los mensajes enviados se publicarán, etc.

Las listas de correo permiten mandar un mismo mensaje a varios destinatarios a la vez

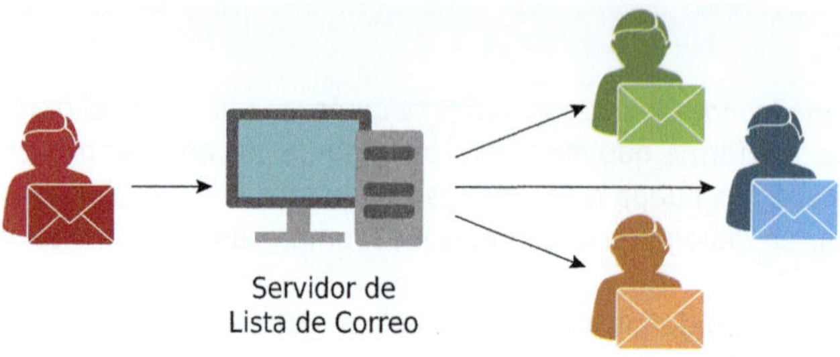

En función del tipo de moderación, existen **diferentes tipos de listas:**

- **Listas totalmente moderadas:** son aquellas en las que **todos los mensajes son filtrados** por el **moderador de la lista,** con lo que solamente se reciben los mensajes de interés para el colectivo de la lista, evitando así el ***spam.*** El principal inconveniente es que los moderadores deben realizar el trabajo de filtrado de todos los mensajes que llegan.
- **Listas moderadas a los no suscriptores:** una vez **suscrito,** el usuario puede enviar a la **lista sin moderación.** El **administrador** solo intervendrá cuando el mensaje sea remitido por un **usuario no suscrito** o para apercibir a los suscriptores que remitan **contenido que considere inapropiado** para la lista.
- **Listas abiertas:** este tipo de listas están en **desuso,** ya que favorecen el envío de **correo no deseado.**

Nuevas tendencias en la gestión de la relación con los clientes

Ofrecer servicios de atención al cliente más baratos y mejores ha sido el mantra entre los ejecutivos de las compañías del sector del *contact center* y de las relaciones con los clientes desde hace muchos años. Afortunadamente, este enfoque ha ido cambiando progresivamente con el tiempo, dado que se estima que en los próximos cinco años las compañías empiecen a utilizar las **redes sociales como herramienta de comunicación interna y externa.**

En la actualidad existen muchas empresas que ya están utilizando **sistemas de gestión de clientes,** con los que pueden catalogar hasta un millón de relaciones individuales de miles de empresas a nivel mundial, siendo capaces de identificar más fácilmente los mejores clientes potenciales para cada oportunidad de negocio.

Para las empresas es fundamental **optimizar las relaciones importantes** a la hora de gestionar proyectos y organizarlos. Esto puede hacerse realizando un mapeo de las redes de relaciones de la empresa, y **con el uso de herramientas de gestión de la relación con los clientes** como la agenda de direcciones, los calendarios de citas o los *e-mails*, entre otros, es posible realizarlo de forma automática.

Esta es la situación que tienen hoy día las empresas en general, y las compañías de servicios de atención al cliente en particular, lo que les obliga a evolucionar rápidamente para diseñar **nuevas estrategias de aproximación hacia los consumidores** y competir con mayores garantías en el mercado.

ACTIVIDAD COMPLEMENTARIA

3. Rafael Coixet, psicólogo de un pequeño pueblo de Barcelona, ha contratado a un profesional experto en redes sociales para la gestión de su comunicación *online*, con el objetivo de ver incrementado su número de pacientes gracias a su presencia en la red. Sus tarifas de consulta, avaladas por el colegio de psicólogos, son las estándar y su presupuesto es limitado.
   Según esto, busca información en la red sobre estrategias de comunicación *online* y determina cuáles de ellas se adaptarían mejor al perfil de Rafael.

TAREA 1

Ángel Valenzuela, diseñador de alta costura, sabe que la fidelización juega un papel fundamental, ya que la captación de un cliente nuevo cuesta, como poco, cinco veces más que retener a un cliente actual. Además, un cliente fiel aporta un importante valor intangible para la empresa en la medida en que se convierte en prescriptor de la misma.

Por ello, y de cara a la campaña de Navidad, el señor Valenzuela desea ponerse en contacto con sus clientes y enviarles a través de una lista de distribución *online* un mensaje de felicitación y otro de agradecimiento por la confianza que han depositado en su marca durante todo el año.

Continúa en página siguiente >>

<< Viene de página anterior

¿Cómo redactarías estos escritos para felicitarles la Navidad a los clientes y agradecerles la confianza depositada en la empresa? Para ello, deberás usar un procesador de texto. Una vez que hayas terminado de redactar los escritos, y de manera opcional, crea al menos diez contactos y agréguelos a una lista de distribución a través de la cual hagas el envío de dichos escritos.

4. Modelos de comercio a través de internet

HILO CONDUCTOR

Detrás de la inversión de tiempo y dinero en desarrollo web por parte de la compañía hay una clara finalidad de aumentar las ventas, alcanzando así a un mayor público objetivo, susceptible de consumir los productos y servicios que oferta a través de la web; de esta forma, para conseguir que las visitas se conviertan en clientes, la empresa es sabedora de que tiene que ser capaz de ganarse la confianza de los visitantes de su web, con lo cual deberá tener en cuenta una serie de parámetros a la hora de desarrollar la web, así como implementar otras soluciones que le sirvan para interactuar con los clientes.

Hoy en día, cada vez son más las operaciones que se realizan a través de internet, y es que vivimos en una sociedad conectada a la red. A través de ella, se adquieren productos, contratan y gestionan servicios y, sobre todo, se realizan consultas comparando precios, prestaciones, opciones, etc. **Internet es la principal fuente de información,** aunque luego decidamos comprar en un comercio tradicional.

Por este motivo, las empresas deben estar en la red, donde están presentes a diario clientes y consumidores, pero además, es importante que **se encuentren bien posicionadas** en la misma, es decir, que aparezcan en los **primeros puestos de los buscadores,** dando facilidad a los potenciales clientes para localizarla.

SEO son las siglas en inglés de *Search Engine Optimization* (optimización en buscadores)

Para que una web sea útil debe estar al día, incluir novedades, presentarse ante sus visitantes de forma dinámica, dando la posibilidad de interactuar y contando con un buen posicionamiento en buscadores. En caso de que no sea así, la página solamente **generará desconfianza o será invisible entre los millones de webs** que compiten por captar la atención de nuevos visitantes.

DEFINICIÓN

Posicionamiento web
Es el conjunto de procedimientos que permiten colocar un sitio o una página web en un lugar óptimo entre los resultados proporcionados por un motor de búsqueda.

4.1. Ventajas de los modelos de comercio electrónico

Dependiendo del modelo de comercio electrónico adoptado, las ventajas que presenta son diferentes; no obstante, generalizando, estos son los principales beneficios que aporta el uso de este tipo de comercio:

Comunicaciones comerciales por vía electrónica
- Al estar disponibles las 24 h del día, las empresas pueden fidelizar a sus clientes mediante un diálogo asíncronico que sucede a la conveniencia de ambas partes.

Mejoras en la distribución
- La web ofrece a ciertos proveedores la posibilidad de participar en un mercado interactivo en el que los costes de distribución o ventas tienden a cero.

Beneficios operacionales
- El uso empresarial de la web reduce errores, tiempo y sobrecostes en el tratamiento de la información.

Facilidad para fidelizar clientes
- Mediante la aplicación de protocolos y estrategias de comunicación efectivas se puede crear un elemento importante para lograr la fidelización de los clientes y ampliar el rango de cobertura en el mercado.

Las ventajas del comercio electrónico **desde el punto de vista del usuario** son las siguientes:

- Comodidad: evita desplazamientos y horarios.
- Diversidad: tener acceso a más información y diversidad.
- Comparación: facilita y acelera el proceso de comparación y selección.
- Competitividad: mercado más competitivo y barato.
- Toma de decisiones: evita la acción directa del comerciante en la toma de decisiones.

Las ventajas del comercio electrónico **desde el punto de vista de la empresa** son las siguientes:

- Difusión: acceso a un mayor número de clientes potenciales.
- Disponibilidad: máxima disponibilidad al menor coste.
- Coste: evita la necesidad de los costes físicos. Artículos digitales con coste de distribución cero.
- Expansión: facilidad de extensión y entrada en nuevos mercados.
- Contacto directo: contacto cara a cara con el cliente.
- Eficiencia: mayor eficiencia en las transacciones.
- *Marketing:* facilita el *marketing* y el soporte al cliente.
- Accesibilidad: mercado accesible a las pequeñas empresas.

4.2. Tipos de modelos de comercio electrónico

Internet y sus tecnologías asociadas dan al comercio **interesantes posibilidades,** tanto desde el punto de vista de los proveedores como de los consumidores.

NOTA

Posibilidades como estas están teniendo efectos en la concepción de los modelos de negocio y en los mecanismos de determinación de los precios de los productos.

Proveedores	Consumidores
- **Mayor facilidad** para llevar **estadísticas** de diverso tipo sobre sus clientes y su negocio, incluyendo la posibilidad de **adquirir datos y perfiles** de los clientes en un formato que facilita su inmediata **sistematización y su aprovechamiento** como "inteligencia comercial". - La **oportunidad para comercializadores** que **organizan ofertas** de diversos fabricantes y se especializan en la **agregación de información,** la venta, la atención al cliente, la gestión del despacho y la entrega, y el valor agregado de información sobre productos. Esta última inclusive aportada por los mismos clientes. - El acceso relativamente fácil a un **mercado potencial muy amplio,** en principio, de dimensiones mundiales. Es por esto que se tornan negocios viables, cuyas demandas limitadas en una región los hacían imposibles en el pasado.	- El **acceso** fácil a multitud de **ofertas.** - La capacidad de **comparar las ofertas,** bien sea personalmente, o con ayuda de los servicios de "agentes de *software*" o "infomediarios" (de información). - La posibilidad de **compartir información, evaluaciones y opiniones** sobre los productos con otros muchos consumidores. - La posibilidad de **asociarse temporalmente** con otras personas que buscan el mismo producto, para **formar una demanda agregada** susceptible de obtener precios más favorables.

Al hilo de lo anterior, y dependiendo del mecanismo de determinación de precios y de la relación entre los participantes, podemos establecer la siguiente **clasificación de modelos de negocio en el comercio electrónico:**

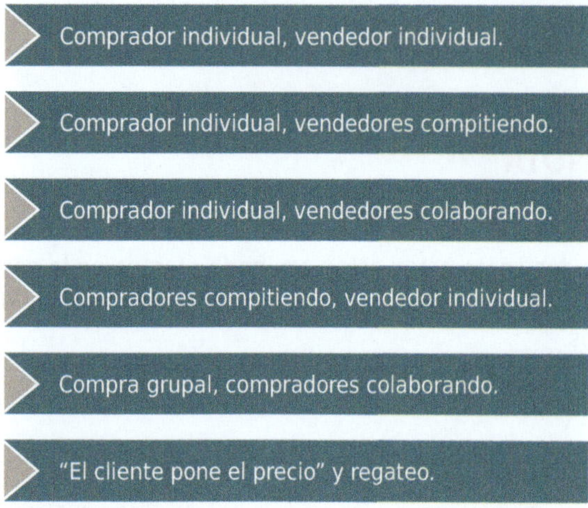

Comprador individual, vendedor individual

Este es el esquema **tradicional,** con **precios fijos e iguales** para todos los clientes, trasladado al ciberespacio. Aquí la novedad está principalmente en las dimensiones posibles del mercado y en la agilidad y potencia del manejo de la información, características comunes a los demás modelos que se describen a continuación.

Comprador individual, vendedores compitiendo

Es el **equivalente al esquema de la licitación:** un comprador potencial publica en la web su requerimiento de un producto o servicio, y varios potenciales vendedores hacen sus ofertas.

La transacción se realiza en las **condiciones más favorables para el comprador:** el precio final es el menor de los postulados.

Este esquema tiene una potencialidad enorme para que las empresas obtengan buenos precios de sus proveedores de una manera sumamente expedita.

Comprador individual, vendedores colaborando

Este modelo corresponde a la conformación de un producto o servicio compuesto, en el que **cada vendedor colabora aportando una parte.** El ejemplo típico es el caso de contratar a través de la red la realización de un proyecto de cierta complejidad, en el que se requiere la participación de contratistas de diferentes disciplinas, los cuales se pueden coordinar a través de la misma red. El precio de la transacción es el **acordado por todas las partes.**

Compradores compitiendo, vendedor individual

Es el esquema tradicional de la **subasta o remate,** solamente que ahora puede tener **dimensiones mundiales y agilidad electrónica:** un potencial vendedor publica en la web la oferta de un producto y varios potenciales compradores compiten en un proceso de puja, declarando los precios que están dispuestos a pagar. Cada participante va conociendo los precios declarados por los demás, los cuales aumentan, hasta que la transacción se realiza al precio máximo, o sea, en las condiciones más favorables para el vendedor.

Hasta ahora este esquema se había utilizado principalmente para productos únicos o escasos, por ejemplo, objetos de arte o del interés de coleccionistas, pero ahora se ha extendido a otros productos, y cualquier persona puede colocar objetos en subasta, utilizando los servicios de algunos sitios web. Igualmente, algunas empresas lo están experimentando como su **canal de ventas *online*.**

Compra grupal: compradores colaborando

Este es un **esquema de agregación de demanda:** varios compradores, interesados en ejemplares de un mismo producto, se coordinan gracias al poder de comunicación ofrecido por la red para realizar una compra de mayor volumen, logrando descuentos respecto al precio que cada uno obtendría si comprara por separado y en distintos tiempos.

Aunque a primera vista en este modelo los **mayores beneficiados son los compradores** al obtener mejores precios, el vendedor **también se beneficia dado el mayor volumen de negocios.** Además, otro efecto es que posiblemente algunos clientes que pensaban comprar el mismo objeto en el futuro se decidan a hacer la compra al darse cuenta de que pueden participar ya en un grupo de compradores y obtener así mejor precio.

"El cliente pone el precio" y regateo

Los compradores dicen cuánto están dispuestos a pagar y los vendedores deciden si ofrecen sus bienes o servicios a esos precios. La primera firma en experimentar con este modelo ha sido **Priceline.com.** Este esquema puede ser un buen mecanismo para que los vendedores encuentren la **oportunidad de liquidar excedentes** de inventario a buenos precios.

4.3. Eficacia y eficiencia

Una vez señalados los distintos tipos de modelos de comercio, resulta imprescindible discernir entre los términos **eficacia** y **eficiencia** de forma general en el comercio para aplicarlos luego a los diferentes participantes de tales modelos.

Aplicable al comercio a través de internet, podemos afirmar que un **modelo eficiente** es aquel que utiliza los recursos adecuados para la obtención de los resultados deseados, aunque estos resultados no siempre se consigan.

 EJEMPLO

Un ejemplo de modelo eficiente puede ser una web con un diseño exclusivo y con una usabilidad óptima, pero pobre en resultados.

En lo que se refiere al **modelo eficaz,** es aquel que obtiene los resultados deseados, independientemente de los recursos utilizados.

 EJEMPLO

Un ejemplo de modelo eficaz puede ser una web poco desarrollada en aspectos de diseño y usabilidad, pero con unos altos índices de ventas como resultado.

Dicho esto, ¿qué es lo que más conviene? Una combinación de ambas como **solución óptima** para el desarrollo correcto de un modelo de comercio electrónico o cualquier otra parcela del comercio en general. A la combinación óptima de eficiencia y eficacia, algunos autores han dado en llamarla **efectividad.**

5. Servidores *online*

HILO CONDUCTOR

Al solicitar a una empresa especializada la creación de la web, LIMPISA sabía que no buscaba una web segura, rápida y con posibilidades de estar ubicada en los primeros puestos, por lo que iba a necesitar un buen servidor, donde no tuviera que compartir recursos del *hardware* con otras páginas web de dudosa naturaleza, que pueden saturar el servidor o ser infectadas por un virus, si no se les realiza el correspondiente mantenimiento.

Un **servidor web** es un ordenador que envía páginas web al ordenador de un usuario cuando este las solicita, utilizando el **protocolo http** para el envío de archivos a clientes FTP o, incluso, a un navegador que lo admita.

DEFINICIÓN

FTP *Server*
Es una computadora que funciona como servidor para ofrecer ficheros a través del protocolo FTP a clientes FTP o a un navegador que lo soporte. Esta computadora debe tener un *software* servidor de FTP que detecte a través de la red las conexiones que se pidan desde otras computadoras.

Algunos servidores manejan únicamente correos o archivos, mientras que otros hacen más de una tarea, ya que un mismo ordenador puede tener diferentes programas de servidor funcionando al mismo tiempo. Los servidores **se conectan a la red mediante una interfaz** que puede ser una red verdadera o mediante conexión vía línea telefónica o digital.

La mayoría de los usuarios de internet a lo que tienen acceso cuando se conectan es a los servidores web, servidores de correo y servidores de bases de datos.

En principio, cualquier ordenador conectado a una red con las configuraciones y los programas adecuados puede ser un servidor.

Funcionamiento de las computadoras y servidores en la red

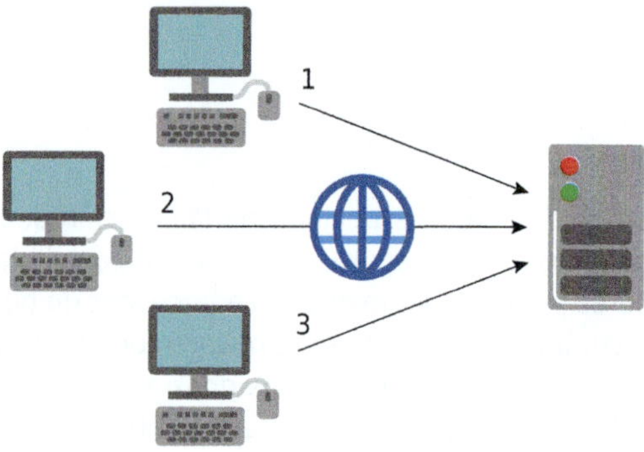

Existen **múltiples tipos de servidores** dependiendo del servicio que ofrezcan. Esta lista categoriza los diversos tipos de servidores del mercado actual:

Plataforma de servidor	Servidores de aplicaciones
- La plataforma es el *hardware* o *software* subyacente a un sistema, es decir, el motor de búsqueda que dirige el servidor.	- Los servidores de aplicaciones ocupan una gran parte del territorio entre los servidores de bases de datos y el usuario, conectándolos con frecuencia.

5.1. Servidores gratuitos

Hoy por hoy podemos afirmar que la **etapa de los servidores de *hosting* gratuitos** ha terminado definitivamente. Todos los sitios más importantes en internet que ofrecían espacio gratuito han ido desapareciendo de forma gradual.

DEFINICIÓN

Hosting

Es un servicio profesional que ofrecen algunas compañías en internet, que consiste en ceder un espacio en sus servidores para alojar un sitio web, con objeto de que pueda accederse a él en todo momento de forma *online*.

El **abaratamiento de los servicios de alojamiento web** se ha considerado también un factor importante para que cualquier usuario que desee crear una web personal o profesional pueda contar con su propio dominio.

Dependiendo de cuáles sean nuestras intenciones y deseos para el futuro de nuestra página deberemos elegir un **proveedor gratuito** o **uno de pago.** Será recomendable optar por uno de pago si pretendemos montar la web de una empresa o, incluso, una web que pretenda ser muy visitada, esto es, que ofrezca servicios y prestaciones más elevados, tanto al administrador como a los visitantes.

NOTA

Se recomienda el uso de páginas como **webhosting.info,** donde se ofrecen estadísticas y datos actualizados de las principales empresas de *hosting* del mundo; sin embargo, debido a las limitaciones de *hardware* y *software*, y a las pocas garantías en la prestación de estos servicios, solo son recomendables para iniciarse en la red o para páginas web de escaso tráfico diario.

Estas son algunas de las empresas de hosting más utilizadas en España: *Raiola Networks, SiteGround, Webempresa, Hostinger, Nicalia, Tropical Server,* etc.

Servicios veteranos como **Geocites,** nacido en 1994, o **AOL Homepages,** sirven desde hace más de diez años para el alojamiento web gratuito; no obstante, en los últimos años este tipo de servicios han sido desplazados por plataformas de creación de blogs como **Blogger** o **Wordpress,** entre otros.

5.2. Coste y rentabilidad de la comercialización *online*

La **apertura de una tienda en internet** es similar a la apertura de una tienda física. Existen costes fijos y recurrentes, y el atractivo del proyecto depende del beneficio de las ventas que pueda generar, ya que con él se paga el coste del proyecto.

Los comparadores *online* han irrumpido con fuerza dado el incremento del sector *e-commerce*

Naturalmente, **vender por internet** debe considerarse un **proyecto de inversión dentro de la empresa.** Recursos como los procesos simultáneos del servidor o el volumen de datos mensuales son algunos de los parámetros que se cobran como un extra en los servicios de alojamiento gratuito o compartido.

Por último, uno de los factores que hay que tener en cuenta en la elección de una empresa de alojamiento es el **servicio de atención al cliente.** Aspectos como el sistema de gestión de incidencias, formas de contacto con el servicio técnico y comercial, así como los tiempos de respuesta mínimos garantizados por la empresa son clave a la hora de elegir este tipo de servicios.

IMPORTANTE

En muchas ocasiones, si se superan estos parámetros, las cuentas se bloquean temporalmente, redireccionando el dominio alojado a una página web con palabras clave y publicidad contextual de la empresa de alojamiento hasta que la incidencia sea resuelta.

TAREA 2

José Mª Padilla, gerente de una pequeña tienda de decoración, está pensando en abrir un portal de su negocio *online*. Navegando por la red, ha comprobado que existen muchas páginas web que ofrecen un servicio gratuito de *hosting* y URL, es decir, dan al usuario la posibilidad de subir una página completa a un servidor y poder acceder a su contenido a través de un navegador. Además, las páginas que ofrecen estos servicios gratuitos obtienen beneficios a través de la publicidad, y ahí reside el único inconveniente para los usuarios que usen sus servicios: al acceder a la página del cliente, se mostrarán ventanas emergentes con publicidad.

Realiza una búsqueda en internet de varias páginas que ofrezcan un servicio de *hosting* y URL e identifícalos. A partir de los resultados obtenidos, ¿qué servidor gratuito podría utilizar José Mª Padilla para abrir el portal de su negocio *online?* ¿Cuál se adecúa mejor a la comercialización de productos y servicios?

Si es necesario, para analizar mejor las prestaciones ofrecidas por cada uno de los servidores gratuitos que has localizado, puedes registrarte en dichas páginas.

6. Resumen

El término **comercio electrónico** hace referencia al uso de un medio electrónico para realizar transacciones comerciales. La mayoría de las veces se centra en la venta de productos por internet, pero el término abarca también mecanismos de compra de empresa a empresa en la red, por lo que los clientes que compran en internet se denominan **ciberconsumidores.**

El comercio electrónico **no se limita a las ventas en línea,** sino que también engloba la preparación de presupuestos en línea, las consultas de los usuarios, el suministro de catálogos electrónicos, los planes de acceso a los puntos de venta, la gestión en tiempo real de la disponibilidad de los productos, los pagos en línea, el rastreo de las entregas y los servicios posventa.

En algunos casos, el comercio electrónico permite la personalización de los productos de manera significativa, especialmente si el *site* de comercio electrónico está vinculado con el sistema de producción de la empresa. Además, en lo que respecta a servicios y productos, **este tipo de comer-**

cio permite recibir las compras en un tiempo breve y, en ocasiones, de inmediato.

En este sentido, las relaciones comerciales a través de internet pueden ser de varios tipos: **B2B, B2C y B2A.** El B2C no solamente resulta atractivo para las empresas, ya que también los usuarios cuentan con algunas ventajas frente a los canales de comercio tradicionales.

Asimismo, el abanico de **utilidades de los sistemas *online*** es sumamente amplio y variado, dotando al usuario de múltiples herramientas y recursos para llevar a cabo las gestiones *online:* navegadores, servicios de correo electrónico, mensajería instantánea, listas de distribución, etc.

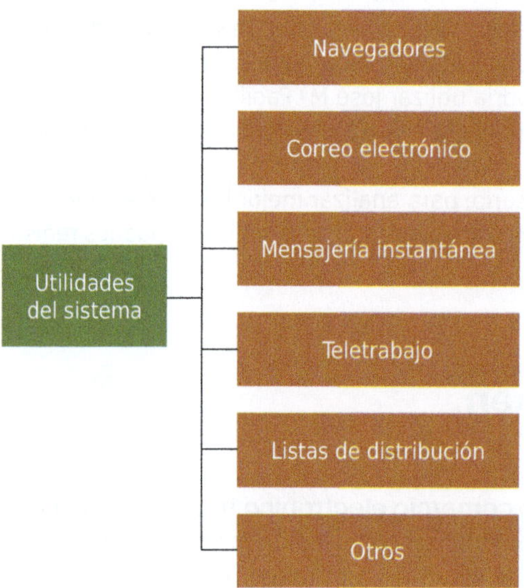

Existen diferentes **modelos de comercio a través de internet,** que pueden clasificarse según el mecanismo de determinación de precios y la relación entre los participantes, ya sea de colaboración o competencia.

Para que el comercio electrónico sea posible, son necesarios los **servidores *online,*** existiendo también a disposición de los usuarios servidores de *hosting* gratuitos. En relación a los mismos, aspectos como los **costes** y la **rentabilidad de la comercialización *online,*** se tratarán más en profundidad junto con el diseño web en la siguiente unidad.

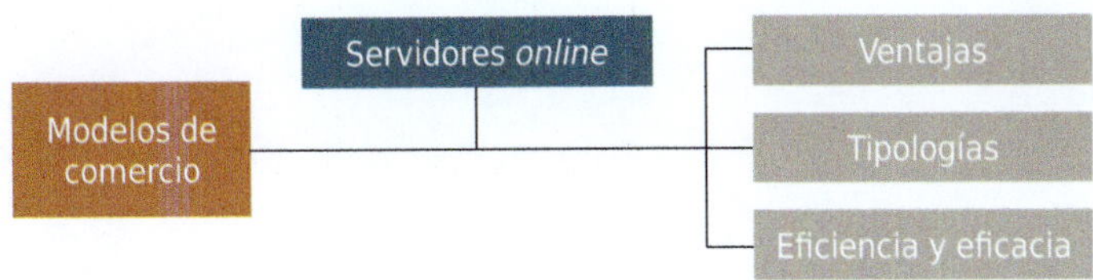
Servidores *online*
Modelos de comercio
Ventajas
Tipologías
Eficiencia y eficacia

Ejercicios de autoevaluación Unidad de Aprendizaje 1

1. ¿En qué tipo de *e-Business* se realizan actividades empresariales dirigidas al cliente?

a. B2A
b. B2B
c. B2C
d. B2D

2. Identifica si las siguientes afirmaciones son verdaderas o falsas.

a. El B2A es la estrategia que desarrollan las empresas comerciales para llegar directamente al usuario final utilizando medios electrónicos.

- Verdadero
- Falso

b. El B2B es un servicio que ofrece la Administración, tanto a empresas como a ciudadanos, para realizar trámites administrativos a través de internet.

- Verdadero
- Falso

3. Relaciona cada campo del correo electrónico con sus características.

a. CCO
b. CC
c. Bandeja de entrada
d. Enviados

_ Este campo permite que el correo se envíe a más de una persona.
_ No se muestra la lista de destinatarios del correo.
_ Es la carpeta en la que se reciben la mayoría de los correos.
_ Es la carpeta en la que se almacenan los correos enviados.

4. Determina cuál de los siguientes elementos no pertenece a la clasificación del correo electrónico en función de su forma de pago.

a. Correos gratuitos
b. Correos asociados a un servicio
c. Correo POP
d. Correos de pago

5. Identifica si las siguientes afirmaciones son verdaderas o falsas.

a. En el teletrabajo, la jornada laboral del trabajador se desarrolla en el domicilio del trabajador y en la empresa.

- Verdadero
- Falso

b. Las personas que desarrollan el teletrabajo deben utilizar las Tecnologías de la Información y la Comunicación (TIC).

- Verdadero
- Falso

6. La lista de distribución en la que un suscriptor utiliza la lista de correo para enviar un mensaje al resto de suscriptores, los cuales pueden responder de la misma forma, pudiendo generar debates e intercambios de información, se denomina...

a. ... lista de debate.
b. ... boletín tradicional.
c. ... boletín electrónico.
d. ... cuenta de *e-mail.*

7. El conjunto de procedimientos que permiten situar una página web en un lugar óptimo entre los resultados proporcionados por un motor de búsqueda se denomina...

a. ... posicionamiento de metadatos.
b. ... posicionamiento web.
c. ... gestión de metadatos.
d. ... posicionamiento de marca.

8. Determina cuál de las siguientes opciones se considera una ventaja del comercio electrónico desde el punto de vista del usuario.

a. Difusión
b. Competitividad
c. Expansión
d. Accesibilidad

9. ¿Cómo se denomina el motor de búsqueda al que se dirige el servidor?

a. Servidores de aplicaciones
b. SEO
c. Plataforma del servidor
d. Buscador de internet

Unidad de Aprendizaje 2

Diseño de páginas web

Contenido

1. Introducción
2. El internauta como cliente potencial y real
3. Criterios comerciales en el diseño comercial de páginas web
4. Tiendas virtuales
5. Medios de pago en internet
6. Conflictos y reclamaciones de clientes
7. Aplicaciones a nivel usuario para el diseño de páginas web comerciales: gestión de contenidos
8. Resumen

Objetivos

Los objetivos específicos de esta Unidad de Aprendizaje son:

→ Definir las variables y utilidades disponibles en Internet -páginas web, servidores y *software* a nivel usuario- para la comercialización online de distintos tipos de productos y servicios.

→ Adoptar criterios comerciales en el diseño de páginas para la comercialización aplicando técnicas de venta adecuadas.

1. Introducción

Por lo general, uno de los principales problemas a los que se enfrentan los propietarios de los negocios *online* es la desconfianza generalizada que suelen tener los usuarios en relación a los **medios de pago asociados a las ventas en la red;** de ahí, la importancia de ofrecer desde nuestra web una seguridad que nos permita atraer la confianza de los posibles clientes.

De esta forma, si queremos que nuestra tienda *online* tenga éxito, es esencial ofrecerles a los internautas diferentes formas de pago. Es cierto que cada cliente tiene su propia preferencia, pero todos esperan que **se trate de una forma de pago segura,** ya que todavía son muchos los usuarios que temen realizar compras a través de internet por miedo a perder su dinero.

Por otra parte, las **páginas web** se han convertido en útiles herramientas de venta y proyección, tanto que, gracias a la constante evolución tecnológica, hoy en día podemos presentar un diseño atractivo con **fotografías, animaciones, videos** e, incluso, **música.** Estos elementos han enriquecido enormemente el concepto de diseño web, que ahora puede valerse de las herramientas visuales citadas, logrando así que esta sea valorada por quienes la visitan.

El modo de conjugar todos los elementos de identidad corporativa, los colores y/o la forma en que se presenten por primera vez ante los ojos de los usuarios influirán, en gran medida, en que estos decidan quedarse un poco más a navegar por la web para **evaluar y valorar el contenido** de todo lo que la empresa le puede ofrecer.

En base a esto, a lo largo de la unidad analizaremos, entre otros aspectos, cuáles son los perfiles y comportamientos de los internautas, así como los criterios comerciales en el diseño de una página web o los tipos de tiendas virtuales y medios de pago en internet que existen en la actualidad. Para ello, nos basaremos en el **diseño y funcionalidad de la página web de LIMPISA, S. L.,** empresa dedicada a la comercialización y fabricación de maquinaria y productos de limpieza.

2. El internauta como cliente potencial y real

HILO CONDUCTOR

Después de llevar a cabo un estudio previo, el Departamento de *Marketing* de LIMPISA ha llegado a la conclusión de que para captar la atención de los clientes potenciales en la red, la empresa debe evaluar los perfiles más comunes que integran actualmente su cartera, con el fin de comprobar si las necesidades de los internautas coinciden con las que presentan los clientes actuales de la misma.

La **migración de los consumidores** desde los tradicionales locales especializados en la calle o centros comerciales a los **sitios de comercio electrónico en internet** es un hecho evidente.

En algunos casos se trata de webs especializadas; en otros, de portales de los propios comercios. Pero la constante está en el consumidor, que prefiere informarse sobre el producto, revisar las opiniones de otros usuarios y realizar su compra, todo en línea y desde cualquier lugar.

La llegada de la geolocalización y la flexibilidad de la web móvil ha abierto un terreno intermedio entre el comercio online y el mundo real.

Por tanto, podemos concluir que **internet se ha convertido en un gran conglomerado de mercados-nicho,** casi todos ellos pendientes de ser descubiertos y definidos.

DEFINICIÓN

Nicho de mercado
Término utilizado para referirse a una porción de un segmento de mercado, en la que los individuos poseen características y necesidades homogéneas que no están del todo cubiertas por la oferta general del mercado.

2.1. Perfil del internauta

En términos generales, el internauta puede definirse como la **persona que navega por la red visitando páginas web** y, por extensión, haciendo uso de diferentes aplicaciones, con el fin de obtener información de internet o interactuar con otros usuarios a través del correo, compartiendo archivos o discutiendo en foros, etc.

VÍDEO

Observa este vídeo en el que se muestran los datos más relevantes recogidos en el informe de la Sociedad Digital en España:

https://redirectoronline.com/uf00320201

2.2. Comportamiento del cliente internauta

Lo primero que se debe hacer es lograr un **mayor conocimiento de las personas que utilizan internet,** con el objetivo de poder venderles lo que necesitan, lo que les gusta o aquello que están acostumbradas a comprar.

Algunos estudios afirman que, a pesar de que el acceso a la red crece con rapidez, tan solo la mitad de los internautas son usuarios activos que se conectan, como mínimo, una vez al mes. A partir de esos usuarios activos se han establecido **seis tipos de personas,** introduciendo algunas **variables para medir su comportamiento *online*** como, por ejemplo, el tiempo activo de cada uno, las páginas a las que acceden y el tiempo de permanencia en cada página.

Simplificadores

Son aquellos que buscan su conveniencia de principio a fin. Representan el **segmento más atractivo para los comerciantes,** pero también el más desafiante a la hora de servir. Estos usuarios se conectan a internet **con un propósito específico** como, por ejemplo, comprar libros o administrar sus fianzas, y quieren lograrlo de manera rápida y sencilla.

Para obtener ventas sustanciosas en este grupo, las empresas deben facilitar el acceso y uso de su web, disponer de información sobre el producto, ofrecer un buen servicio al cliente y una fácil devolución.

Surferos

Constituyen únicamente **el 8 % de los usuarios** activos de internet, pero pasan *online* mucho más tiempo que cualquier otro usuario. Se conectan a internet para explorar, comprar o buscar información y entretenimiento, pero permanecen poco tiempo en cada dominio.

Para atraer y mantener a estos usuarios, una empresa debe ofrecer un diseño y unos artículos novedosos, constantes actualizaciones, una marca fuerte y un amplio surtido de productos y servicios atractivos que propicien su regreso.

Conectores

Son aquellos usuarios que acaban de ingresar en la red y están buscando **razones para navegar por ella.** Acostumbran a utilizar la red para comunicarse, por lo que visitan numerosos ***chat rooms.*** Los *sites* deben ser muy accesibles para quienes los visitan por primera vez, reforzando visualmente su objetivo y valor para que los usuarios tengan motivos para visitarlos.

Buenos negociantes

Son aquellos que buscan buenos tratos. Apenas representan un 8 % de los usuarios activos y pasan **menos tiempo conectados** que el usuario medio. Un *site* atractivo para ellos es aquel que les atrae **tanto a nivel racional como emocional,** que satisface su necesidad de competitividad en el precio, la excitación de la búsqueda y el deseo de comodidad.

Rutinarios

Visitan pocos sitios, normalmente de temática informativa o financiera, pero pasan casi el **doble de tiempo que la media** de usuarios en una página. Buscan contenido de calidad y la sensación de que consiguieron algo especial.

Amantes de los deportes

Representan el **grupo más pequeño de usuarios activos.** Actúan de forma similar a los rutinarios, pero se centran en *sites* de deportes y entretenimiento. Pasan pocas horas *online* al mes y buscan sitios frescos, coloridos e interactivos.

2.3. *Marketing* viral

El ***marketing* viral** es un proceso que consiste en explotar una red preexistente para aumentar el conocimiento de la marca o producto que quiere venderse. Este proceso de conocimiento recibe el nombre de viral, porque **se expande como si fuese un virus,** autoreplicándose de usuario a usuario.

Es un fenómeno que está íntimamente relacionado con la expansión de internet y las redes sociales, y cada día tiene mayor peso con la popularización de servicios de video como *YouTube* y redes como *Facebook.* En la actualidad, se ha convertido en una de las **principales herramientas de *marketing.***

Esta estrategia de *marketing* incentiva a las personas a pasar o compartir contenido que persigue un fin publicitario. Los **receptores del mismo se convierten, a su vez, en nuevos emisores,** con lo que la difusión y visibilidad crece de manera exponencial. Su principal ventaja radica en su fácil ejecución, en comparación con otras campañas como el *mailing* o *telemarketing,* con un elevado número de clientes potenciales, un mayor impacto, una tasa de respuesta alta y un bajo coste.

En la web social, el WOM *(word of mouth)* o boca-oreja es la estrategia de *marketing* que mejor funciona, precisamente porque el control no lo tiene la empresa que lanza la campaña, sino las personas

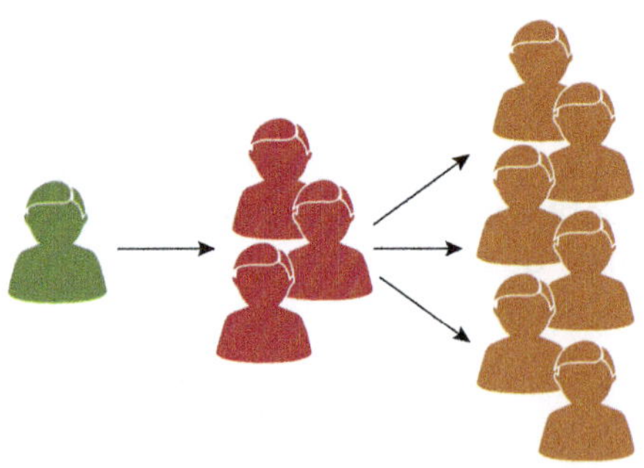

El hecho de que sea un tipo de ***marketing* inusual** que ofrece unos contenidos que las campañas tradicionales no suelen aportar hace que, si la campaña está bien diseñada, produzca un alto grado de aceptación, sin que esto signifique necesariamente un incremento de las ventas. Además, como factor muy positivo hay que indicar que las **campañas de *marketing* viral son relativamente baratas.**

Dado el carácter inusual de este *marketing*, la transmisión del mensaje utilizada en las tácticas de *marketing* viral puede llevarse a cabo de diferentes formas:

***E-mail* a persona**
- Es el más común de todos. Recibimos un *e-mail* en nuestro buzón y lo reenviamos a nuestra lista de contactos.

Boca a boca
- Es el método más antiguo. Una persona recibe un mensaje y cuenta su experiencia a otra.

Web a persona
- Recibimos un mensaje publicitario en una web, que además nos ofrece la posibilidad de reenviarlo a las personas que deseemos.

Mensajería instantánea a persona
- Similar a los anteriores, pero en esta ocasión se utilizan programas de mensajería instantánea como *Messenger*, *ICQ* o *Jabber* para la difusión de los mensajes, generalmente a través de enlaces.

Teléfono móvil
- Mediante el envío de mensajes o campañas en las que se ofrece al usuario descargarse contenidos a través del *bluetooth* de su teléfono. Este tipo de campañas se está haciendo cada día más popular.

NOTA

El móvil actualmente es una plataforma más donde recibir todos los mensajes y acceder a cualquier tipo de contenidos (*e-mail*, mensajería instantánea como el *WhatsApp*, actualizaciones en redes sociales, lectura de entradas de blogs, *Youtube*), por lo que no se considera una forma de comunicación, sino un medio.

Elementos de una estrategia de *marketing* viral

Por lo general, existen una serie de elementos que deben darse en cualquier campaña de *marketing* viral para favorecer la efectividad de la misma. A continuación, puedes ver cuáles son esos elementos:

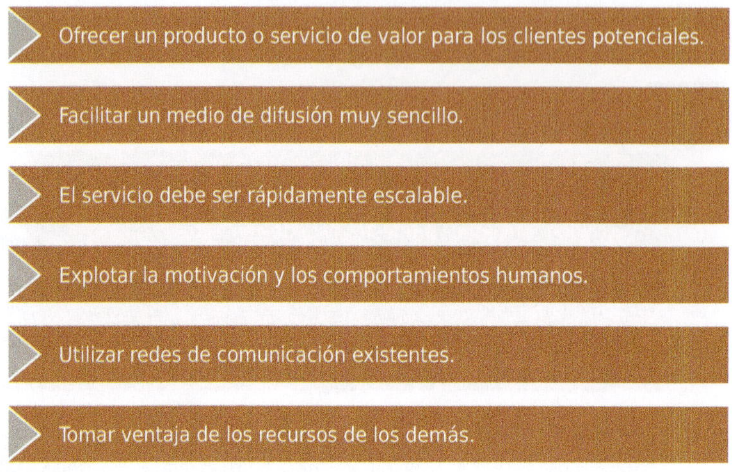

Tipos de *marketing* viral

Además de los elementos que acabamos de mencionar, debemos tener en cuenta los diferentes tipos de *marketing* que existen para crear un contenido viral:

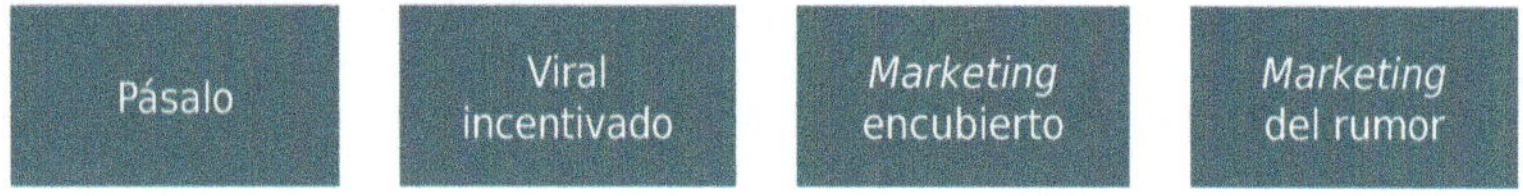

Pásalo

Consiste en un mensaje en el que se anima al receptor a que lo envíe a sus contactos. La forma más clásica del mismo es la cadena de correo electrónico.

Viral incentivado

En este caso, no solamente se solicita al usuario que pase el mensaje o contenido, sino que además se ofrece una recompensa si el mensaje es enviado. Este tipo de viral es muy común en concursos y sorteos *online.*

Marketing encubierto

Se trata de un mensaje viral que se presenta como una web o noticia atractiva e inusual. No suelen incluirse enlaces a ningún tipo de empresa o producto en concreto; de hecho, a primera vista no da la sensación de que se esté realizando campaña alguna.

Marketing del rumor

Es la forma más polémica de *marketing* viral. Suelen ser anuncios o noticias que caen a menudo en la zafiedad y el mal gusto. El objetivo que persiguen estas campañas suele ser la búsqueda del enfrentamiento y la controversia. Es un tipo de viral muy utilizado en el mundo del espectáculo, donde se lanzan rumores sobre actores o cantantes justo antes de que estrenen su nueva película o álbum musical.

ACTIVIDAD COMPLEMENTARIA

1. Tras la visualización del siguiente *spot* publicitario deberás relacionar el anuncio con alguna de las tipologías de *marketing* tratadas en la unidad, justificando razonadamente tu respuesta.

https://redirectoronline.com/uf00320202

TAREA 3

Según una encuesta realizada por un grupo de establecimientos del sector de la alimentación, los alimentos ecológicos se consumen ya en la cuarta parte de los hogares de nuestro país, de manera que estos consumidores saben reconocer las etiquetas identificativas de los productos ecológicos, conocen con exactitud qué es un producto ecológico y lo consumen, por lo menos, una vez al mes. Este es el caso de Andrés, un abogado cuya preocupación preferente por su salud y la de los suyos le lleva a consumir este tipo de productos, que compra a través de una tienda *online*.

¿Dentro de qué tipo de cliente internauta incluiría a Andrés? ¿Cuáles son las variables que intervienen en su conducta y sus motivaciones de compra?

3. Criterios comerciales en el diseño comercial de páginas web

HILO CONDUCTOR

Durante la última semana han sido varios los usuarios que han intentado ponerse en contacto con el Departamento de Atención al Cliente de LIMPISA a través de su página, pero al parecer les ha sido imposible. Según parece, el formulario de contacto del sitio web ha estado inoperativo durante dicho período.

Tras solucionar la incidencia, uno de los miembros de departamento publicó una disculpa dirigida a todos los usuarios, a los que se les animaba a ponerse en contacto con la empresa.

Los grandes avances tecnológicos por los que la humanidad ha pasado han hecho que la forma en que las personas se comunican y obtienen información cambie de manera radical. En este caso, hablaremos de los grandes beneficios que la **creación de un sitio web** puede aportar a una empresa.

DEFINICIÓN

Sitio web

Colección de páginas de internet relacionadas y comunes a un dominio o subdominio en la *World Wide Web.* Una página web es un documento HTML/XHTML que es accesible generalmente mediante el protocolo HTTP de internet.

Pero no se trata simplemente de tener una página web por tenerla, sino de realizar un análisis que conduzca a la creación de un sitio web que logre satisfacer necesidades y obtener beneficios, tanto para las empresas como para sus clientes.

3.1. Partes y elementos del diseño de páginas web

El **proceso que comprende el diseño de una página web** debe responder siempre a una serie de pasos claramente definidos, en tanto que su desarrollo va desde el concepto para el diseño hasta la ejecución final del mismo.

Definición	Estructuración	Producción
- Abarca aspectos tales como la definición de la finalidad de la web; objetivos, expectativas y necesidades de los usuarios; estudio del sector y definición de audiencias; identificación y recopilación del contenido; descripción de los servicios y funcionalidades.	- Engloba todos los aspectos referidos al rotulado y organización de categorías; esquemas de organización y estructura de directorios; aspectos referentes a la buscabilidad como la elección; organización del sitio mediante un mapa.	- Abarca las cuestiones referidas al diseño de prototipos y patrones; al estilo y diseño de la imagen gráfica, y a aspectos relacionados con la usabilidad y la accesibilidad.

Etapas para el diseño web

Como has visto, los sitios web son estructuras de información como tantas otras, con las singularidades aportadas por las características que les son propias como la **hipertextualidad, la forma gráfica, el acceso o la interactividad.** Pero el diseño de una página web debe responder siempre a una serie de etapas claramente definidas:

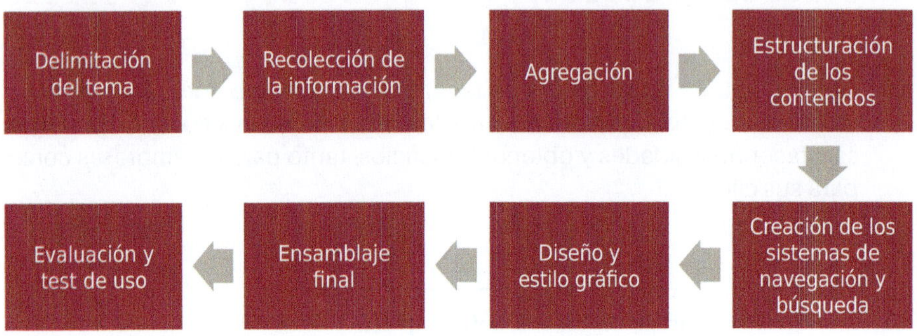

Delimitación del tema

En primer lugar, se delimitará el tema que se va a tratar. Hay que tener claro qué tipo de contenidos tendrá la página web.

El primer paso del diseño web consiste es la demarcación del tema.

Recolección de la información

Recopilar y seleccionar la información que se va a incluir.

Tras delimitar el tema, se buscará la información.

Agregación

Hacer un balance equilibrado entre linealidad y jerarquización. Creación de páginas, nodos, secciones y subsecciones.

Diseño bruto de la apariencia de la web

Estructuración de los contenidos

Unión de los diferentes nodos y páginas, teniendo en cuenta la jerarquización y ordenación de los contenidos. Creación de nodos de metainformación sobre otros nodos y enlaces que permitan la estructuración horizontal y vertical. Creación de la página inicial y de las páginas principales. En esta etapa se definen las estructuras jerárquicas y horizontales, y los esquemas de clasificación.

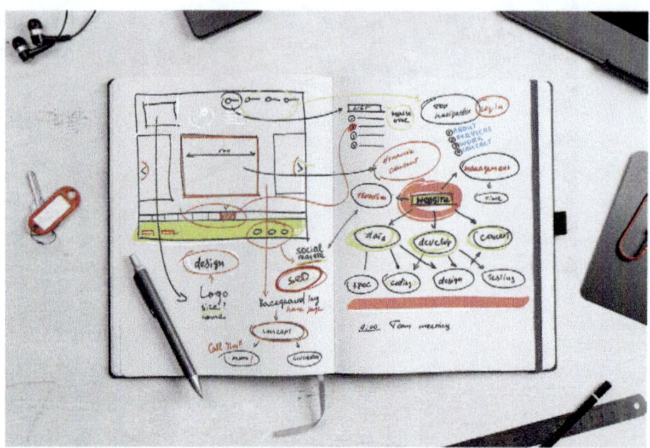

Definición de la jerarquía de contenidos

Creación de los sistemas de navegación y búsqueda

Creación de páginas guía, ayudas a la navegación, tablas de contenido, índices, sumarios, mapas de navegación, glosarios, páginas de búsqueda, uso de iconos y barras de navegación, utilización de metáforas, etc., accesibles desde cualquier otra página del sitio web.

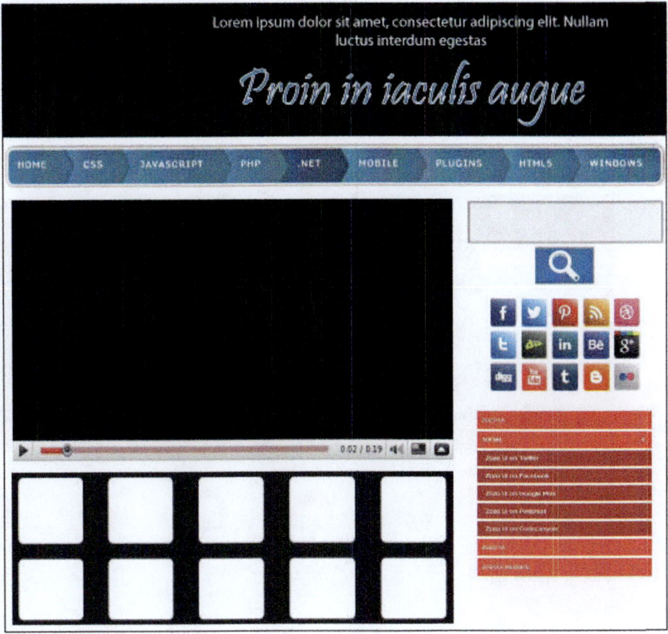

Inclusión de sistemas de búsqueda

Diseño y estilo gráfico

Estilos y formatos textuales, coherencia gráfica, diseño de fondos y distribución de los elementos dentro de la página, inclusión de material multimedia, cantidad y tamaño de las imágenes, etc. Dar homogeneidad y coherencia a todo el sitio web.

Diseño gráfico de la web

Ensamblaje final

Últimos enlaces, diseño de portadas y estilos gráficos, logotipos, enlaces sobre autoría, contacto, fechas de creación o de actualizaciones, etc.

Una vez definido el diseño, se montará la página web.

Evaluación y test de uso

Comprobación del funcionamiento, vínculos y páginas rotas, usabilidad, accesibilidad, últimos ajustes, etc.

Para finalizar se comprueba que todo funciona adecuadamente.

3.2. Criterios comerciales en el diseño de páginas web

Hasta ahora muy poco se ha hablado de la forma o estructura que debe tener un sitio totalmente comercial. Cuando decimos comercial, no hacemos referencia a aquellos portales que comercializan descargas, libros o cualquier otro producto virtual, sino a **aquellos sitios que representan a una empresa.**

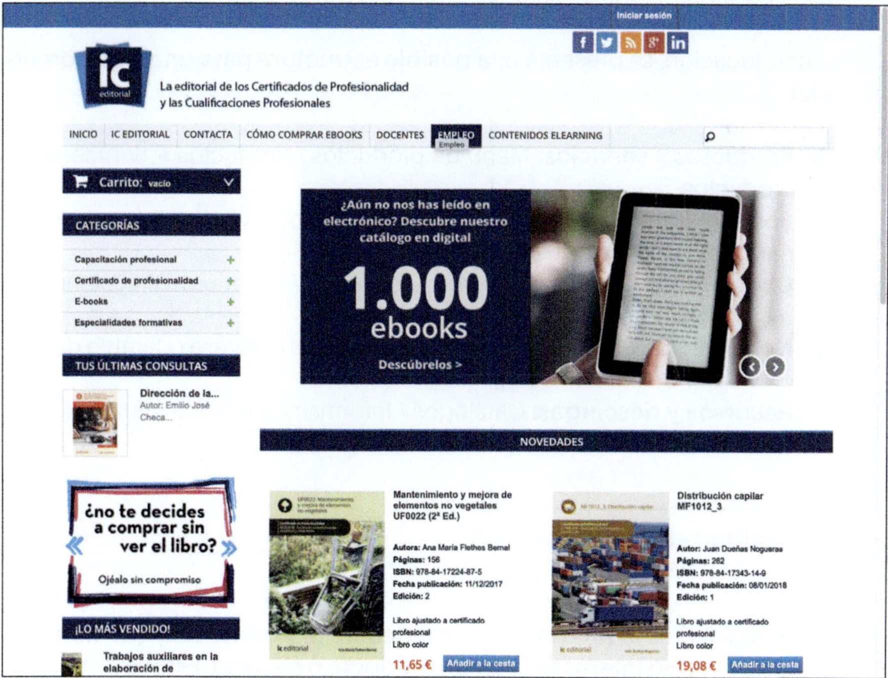

Todas las empresas necesitan protagonismo en internet.

Sin embargo, el hecho de disponer de una **URL** no es suficiente para que la empresa en cuestión sea representada correctamente o, en el mejor de los casos, genere nuevas ventas o nuevos clientes. Para ello, hay que tener en cuenta una serie de **aspectos de diseño.** Estos son los **errores más comunes** y algunas **sugerencias** para aplicar mejoras:

ERRORES	SUGERENCIAS
- Aspecto muy llamativo. - Extraños menús desplegables. - Muchas imágenes, poco texto.	- Evitar la saturación gráfica. - Evitar el uso de frames. - Utilizar un servidor de pago. - Hacer un uso adecuado de los menús desplegables. - Exponer la información de contacto. - Mantener una estructura de enlaces lógica.

Como has visto, hasta ahora se ha tratado poco la forma o estructura que debe tener una web comercial, entendiendo por comerciales **aquellos sitios que representan a una organización** y no los portales que comercializan descargas, libros o cualquier otro producto virtual.

A continuación, se presenta una **posible estructura para una web comercial:**

- **Productos y servicios:** Menú de productos / Productos > Submenú de productos.
- **Sobre la empresa:** Historia / Objetivos / Misión / Visión / Información financiera / Descripción de la empresa.
- **Contacto:** Ubicación geográfica / Teléfonos / Horarios / Direcciones de *e-mail* y formulario de contacto.
- **Noticias:** Nuevos productos / Noticias sobre la empresa / Cambio de precios.
- **Recursos y descargas:** Catálogos / Información técnica / Ilustraciones, manuales / Lista de precios.

3.3. Usabilidad de la página web

La usabilidad es la **medida de la calidad de la experiencia que tiene un usuario cuando interactúa con un producto o sistema.** Esta se mide a través del estudio de la relación que se produce entre las herramientas que integran la página web y los usuarios que la utilizan, con objeto de determinar la eficiencia en el uso de los elementos ofrecidos en ella y la efectividad en el cumplimiento de las tareas que se pueden llevar a cabo a través de la misma.

La usabilidad mide la eficacia, la eficiencia y la satisfacción de un sitio web

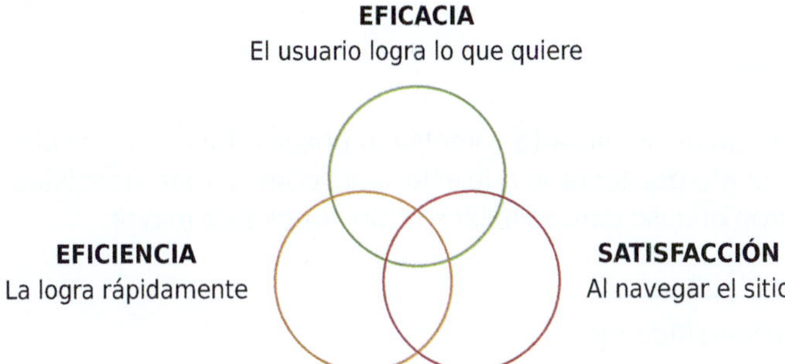

En internet un visitante lo primero que hace es buscar rápidamente información sobre un determinado producto o servicio; si este no se localiza con facilidad y es presentado de forma adecuada, el cliente sale directamente del sitio y busca otra opción. En este sentido, algunos de los **parámetros que pueden resultar útiles a la hora de considerar si un sitio web es más o menos usable** son los siguientes:

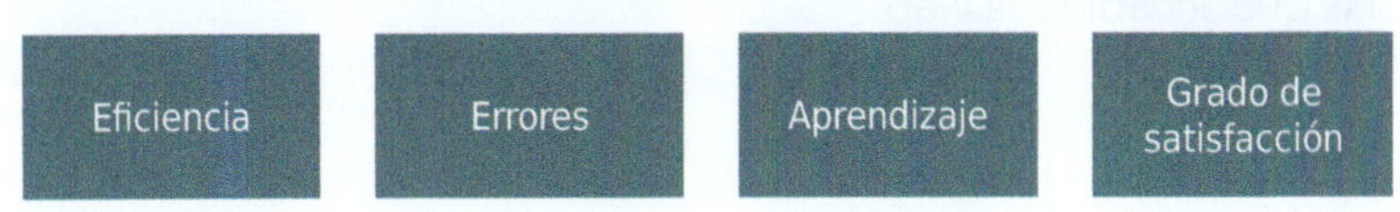

Eficiencia

Esta característica se determina en virtud del tiempo que el sitio web requiere para la realización de una tarea específica. La eficiencia es inversamente proporcional al tiempo demandado por el sitio durante un proceso: **a mayor tiempo, menor eficiencia.**

Errores

Cuando se produce un error durante la navegación en un sitio, no debemos considerar como primer factor la labor del programador o diseñador del mismo, pues estos errores pueden darse por diferentes motivos que van desde la estabilidad del servidor hasta una construcción defectuosa de los enlaces internos.

Aprendizaje

Si el sitio es demasiado complejo o posee información oculta para el usuario, dando por sentado que este sabrá cómo llegar a los datos que busca, el tiempo preciso para asimilar sus funciones será mayor.

Grado de satisfacción

Consiste en tabular las respuestas anónimas capturadas por un formulario que nos permita **medir el grado de satisfacción de nuestros usuarios.** Los ítems más comunes que deben incluirse son rapidez, sencillez de la interfaz, estética y claridad, entre otros.

La **usabilidad** mide cómo resulta de intuitiva y fácil de usar una página web para los usuarios, por lo que es importante tener en cuenta todos los aspectos que influyen en la misma a la hora de realizar un diseño adecuado del sitio web. De este diseño dependerá que el usuario alcance el objetivo con el que accedió a la web.

Si un usuario accede a una web para realizar una compra, pero se encuentra con muchos obstáculos, acabará frustrado por la dificultad de uso de la página y desistirá de su intención de compra para buscar otro sitio donde sea más sencillo realizar esa compra.

Además de la usabilidad, en el diseño web es necesario tener en cuenta otros aspectos como la **accesibilidad.**

Cumplir esas condiciones de usabilidad y accesibilidad de la web se podría considerar una **estrategia de fidelización,** ya que si el usuario tiene una experiencia positiva, probablemente volverá a confiar en ese sitio web para realizar otras compras.

Otra de las múltiples estrategias de fidelización *online* es **escuchar al cliente.** No es una moda impulsada por los medios sociales, sino que se trata de la actitud que debe dominar la gestión empresarial en su totalidad. Consecuencia directa de ello es que la gestión de la relación con los clientes que se realice en una empresa no debe ser simplemente la implementación de un *software* con muchas posibilidades, sino una filosofía de orientación de la empresa hacia las necesidades de sus clientes.

ACTIVIDAD COMPLEMENTARIA

2. Busca información sobre cuáles son las distintas estrategias de fidelización *online* de clientes.

Los procesos de *marketing online* **se construyen y se refuerzan con la experiencia,** lo cual resulta especialmente importante en la red.

EJEMPLO

Las conversaciones en redes sociales, los comentarios y las opiniones sobre los artículos de nuestra web o el chat en vivo, para la aclaración de dudas sobre una compra, suponen la adaptación *online* de una entrevista de ventas presencial con un cliente.

Por lo tanto, fomentar la **creación de conversaciones** en torno a nuestro negocio *online* es una de las mejores maneras de promocionar nuestro sitio web, más aún si esta actividad deriva en acciones que podemos llegar a monetizar.

Al igual que esta, a la hora de diseñar cualquier proceso de *marketing online* hay que tener en cuenta las **características de la empresa y técnicas que emplea** para realizar la adaptación de las mismas al nuevo canal de venta.

TAREA 4

Observa el sitio web de la tienda de flores que se muestra en el siguiente enlace:

https://redirectoronline.com/uf00320203

Tomando como referencia el sitio web de este negocio, ¿qué técnicas de fidelización online podrían aplicarse al mismo? Describe y explica dichas técnicas, analizando los elementos racionales y emocionales que intervienen en el cliente-internauta.

A continuación, adapta las técnicas de venta a la comercialización *online*. Para ello, selecciona tres productos de los ofertados en la página web y descríbelos brevemente, transmitiendo la información y condiciones de venta con claridad y precisión de forma oral y/o escrita.

4. Tiendas virtuales

HILO CONDUCTOR

Según la propia Dirección de la compañía, la futura tienda virtual del grupo será muy fácil de utilizar tanto para el personal de la plantilla como para los clientes, mientras que el pedido y envío de productos será mucho más rápido que a través del canal tradicional. Asimismo, entre las funcionalidades de la tienda, la Dirección ha querido destacar el empleo de listas de precios para clientes registrados, así como la posibilidad de importar y exportar con su base de datos y, sobre todo, las herramientas de *marketing* como, por ejemplo, los cupones y los *newsletters,* que son las que a buen seguro les ayudarán a crecer durante los próximos años.

El comercio de tienda virtual representa el intento de **trasladar la operativa comercial habitual de un comercio tradicional a internet;** sin embargo, el cambio está siendo tan radical que ya no debemos conformarnos con hablar de comercio electrónico, sino que hablaremos de negocios electrónicos *(e-business).*

Un error que suele cometerse con suma facilidad, sobre todo en proyectos nuevos, es **confundir la construcción y explotación de la tienda virtual con el negocio.** Por lo tanto, el equipo que está detrás de la tienda virtual debe:

- Tener claro cuál es el proyecto de fondo.
- Preparar su plan de negocio.
- Saber que la tienda virtual no es más que un medio para hacer negocios en internet y no un fin en sí mismo.

PARA SABER MÁS

En el siguiente enlace podrás averiguar las razones por las que la presencia en la red beneficia en buena medida a todo tipo de empresas.

https://redirectoronline.com/uf00320204

ACTIVIDAD COMPLEMENTARIA

3. Reflexiona sobre las posibles ventajas e inconvenientes durante el proceso de compra de un producto o servicio a través de una tienda virtual y determina si esta es una tendencia al alza en el mercado.

4.1. Tipología de tiendas virtuales

Atendiendo a los **criterios de finalidad** y **organización,** las tiendas virtuales se pueden clasificar en tres grandes grupos:

Tienda virtual pura	Tienda portal	Centro comercial virtual
- Ofrece a los diferentes clientes un surtido de productos con sus correspondientes precios, ofertas y promociones como cualquier otro establecimiento de venta al público de su organización o como cualquier otra tienda física.	- Incita a sus clientes potenciales a visitar el servidor web del comerciante, aun cuando no estén interesados comprar en ese momento.	- Permite al cliente acceder a numerosos comercios desde una única dirección de internet y, en algunos casos, garantiza la seguridad de los pagos y gestiona la atención al cliente.

PARA SABER MÁS

Accede al siguiente enlace para ver algunos de los casos de tiendas virtuales de mayor éxito:

https://redirectoronline.com/uf00320205

4.2. El escaparate virtual

El **escaparate virtual** es el **equivalente al escaparate de las pymes,** es decir, debe ser tratado con el mismo rigor, puesto que es la tarjeta de presentación que entrega el establecimiento a sus clientes potenciales e internautas, que deben recibir su mensaje en apenas unos segundos.

El escaparate virtual tiene la misma importancia que el escaparate físico.

Aunque no todos persiguen los mismos objetivos, el fin común de cualquier escaparate es retener la atención del usuario, tentándole a entrar en el establecimiento.

Para ello, el escaparate virtual debe reunir una serie de condiciones:

- **El principio "AIDA":** la importancia del escaparate y, en general, de los exhibidores aumenta cuando los productos de la tienda no son de primera necesidad. En estos y en todos los casos, el escaparate de éxito debe cumplir el denominado "principio AIDA": atraer la **A**tención del consumidor, despertar su **I**nterés, crearle un **D**eseo de compra y provocar una **A**cción de entrada en la página web o tienda virtual.
- **Productos de la tienda:** lo primero que debe reconocer el cliente es ante qué tipo de tienda virtual se encuentra y qué es lo que allí se vende, lo cual se consigue exhibiendo productos que se encuentren dentro de la tienda (resumen). De nada sirve exponer artículos que no se encuentren disponibles, no se vendan o carezcan de relación con el negocio.
- **Concordancia de estilo:** el escaparate debe sintetizar y reflejar las características de su establecimiento. Si tu tienda virtual se distingue por vender a costes muy bajos, haz énfasis en la buena visualización de los precios. Si, por el contrario, se caracteriza por ofrecer artículos de lujo,

trate de mostrar una imagen de mayor elegancia y deje los precios en un segundo plano o no los incluya en el escaparate.

- **Organización lógica:** la distribución de los productos debe ser coherente, ordenando los artículos por marcas o líneas de producto similares, agrupándolos por categorías de productos, por su complementariedad, etc.
- **Simplificación:** como es obvio, no hay espacio suficiente en una pantalla para incluir todos los productos de la tienda óptimamente. Por ello, se debe realizar una selección de los artículos más representativos o que estén en oferta. Esta selección no ha de ser demasiado amplia, para no sobrecargar el escaparate. Las ventas de rebajas y de saldo son situaciones excepcionales en las que puede resultar interesante mostrar el mayor número de productos posible.
- **Cambios periódicos:** conviene renovar la muestra exhibida cada cierto tiempo, especialmente si los productos de su negocio varían a lo largo del año, como es el caso de las tiendas de ropa. Es preferible hacer el cambio a intervalos regulares, procurando que cada composición sea diferente a la anterior en forma y mercancía expuesta, pero sin perder la línea de su estilo, con el fin de llamar la atención de los clientes, especialmente de los que ya conocen tu tienda virtual.

Aspectos generales sobre tiendas virtuales

Para conseguir un buen funcionamiento de la tienda virtual, es necesario considerar una serie de aspectos en relación a los elementos de la misma:

Los productos

Lo primero que buscarán los visitantes que entren en nuestra tienda virtual serán los **productos** o **servicios** que vendemos.

Los productos que aparecerán en las páginas web de nuestra tienda virtual se pueden presentar y gestionar de diferentes formas. La más sencilla de ellas es **utilizar páginas web estáticas** que se modifican cada vez que se altera alguna información sobre el producto. Este enfoque es simple y válido para aquellas tiendas con pocos productos que apenas varíen sus precios o características.

Existen en el mercado soluciones cada vez más complejas que permiten gestionar con la mayor facilidad catálogos de cientos o miles de referencias e, incluso, construir tu propia tienda virtual. También es posible desarrollar internamente en nuestra empresa el *software* de gestión de la tienda virtual; sin embargo, **el coste y la complejidad de un desarrollo de este tipo** requiere que esta decisión esté plenamente justificada.

El local

El equivalente del local físico es un conjunto de páginas web mostradas al visitante desde nuestro servidor web. Por lo tanto, **la elección de una buena plataforma tecnológica** para desarrollar nuestra tienda virtual y la **capacidad de adaptarla** según los cambios que se vayan produciendo son aspectos básicos para llevar a buen término el proyecto de comercio virtual.

La nueva tienda virtual puede tener su propio dominio en internet o ubicarse dentro de una galería o centro comercial, compartiendo servicios con otros comercios. Cada día surgen nuevas iniciativas e ideas a este respecto; de hecho, existen proveedores que ofrecen herramientas que permiten construir la tienda virtual desde el ordenador del cliente.

NOTA

La promoción de nuestra nueva tienda virtual y las técnicas para atraer visitantes influirán en el éxito de la misma.

El proceso de venta

El **estudio del proceso de venta** en la tienda, el **recorrido libre o guiado por el local,** el ***merchandising*** o la **presencia y actitud de los vendedores** son aspectos básicos en cualquier comercio que atienda a un cliente potencial. Por ello, el visitante que accede a nuestra tienda pasa por un proceso de compra que debemos conocer y dominar a la perfección.

El carrito de la compra

Uno de los conceptos que mayor auge ha adquirido dentro del ámbito de las tiendas virtuales es el de **carrito de la compra.** Se trata de un *software* que asiste al cliente en su recorrido virtual por la tienda, anotando los productos que va indicando, calculando su importe final, permitiéndole devolver productos a los estantes, etc.

La **perfecta integración de los módulos de *software*** encargados de la presentación de los productos y del carrito de la compra es un factor clave para conseguir una buena experiencia de compra por parte del cliente. Cuanto mayor sea la flexibilidad con la que el cliente pueda interactuar con estos módulos y mayor sea la facilidad de uso de estas utilidades, mayor será no solo la satisfacción de los compradores, sino también la satisfacción y beneficio de los vendedores.

Los medios de pago

Los medios de pago en internet han suscitado interesadas discusiones acerca de su fiabilidad y seguridad. Las **políticas de seguridad y de confidencialidad** de los datos y transacciones de los clientes deben estar claras tanto para los clientes como para los vendedores, además de ser siempre coherentes. Y es que, al igual que el tradicional, el comercio electrónico se basa en muchas ocasiones en la confianza construida entre el vendedor y el cliente.

El **cobro por tarjeta de crédito** se ha convertido en el medio principal de transacción en la mayoría de las tiendas virtuales; sin embargo, el **problema de los micropagos** no se ha resuelto todavía, cuando los negocios basados en la posibilidad de los micropagos son, en muchos casos, idóneos para situarse en internet. Ofrecer diversas posibilidades de pago a los clientes para que decidan cuál prefieren es una buena idea, aunque habrá que estar preparado para atender todas esas formas de pago.

El servicio en la tienda

Por muy bien preparada que esté nuestra tienda virtual, es probable que en algún momento el cliente tenga alguna duda que resolver o desee plantear alguna cuestión; de hecho, en una tienda virtual, en la que en muchas ocasiones **se enfatiza demasiado la automatización del proceso de venta,** el cliente no sabrá dónde dirigirse.

A medida que se intensifique el acceso y el uso del comercio electrónico por personas menos habituadas a manejar medios electrónicos, la necesidad de prestar ayuda al instante será fundamental para asistir al cliente en su proceso de compra, por lo que existen tiendas virtuales donde ya es posible pulsar un botón y obtener la asistencia de un vendedor humano por voz e, incluso, por video.

La entrega del material

Otro de los problemas actuales al que se enfrentan las tiendas virtuales es el de la **entrega del material.** Si el negocio virtual vende información, puede ser relativamente fácil entregarla de forma inmediata, pero un pequeño retraso en la entrega puede convertirse en algo realmente desagradable para el cliente.

El **servicio de entrega** estará normalmente en las manos de empresas terceras, con el consiguiente riesgo para nuestra reputación en caso de problemas; de esta manera, la facilidad de compra por parte de clientes desde el extranjero puede quedar anulada por la **dificultad de entrega del material,** bien sea por motivos de costes o de aduanas.

La trastienda virtual

Como en todo establecimiento, en nuestra tienda virtual será necesario **desenvolverse con facilidad por el interior de la trastienda.** Ya hemos visto la necesidad de gestionar fácil y correctamente un amplio catálogo de productos.

Procesos internos

Normalmente, será el *software* de la tienda virtual el que proporcione capacidades de gestión de mercancías, almacenes, proceso de pedidos, facturación, etc. Y, desde luego, resulta importantísima la **integración de los módulos de la tienda virtual** con el resto del sistema de información de la empresa.

Información de marketing

La **información obtenida desde la tienda virtual** es una fuente de primera importancia para conocer cuáles son los deseos y necesidades de nuestros clientes y adaptar o crear productos y servicios que atiendan esos requerimientos.

El potencial de esa información desde el punto de vista del *marketing* está aún por explotar. La posibilidad de **ofrecer productos o servicios adicionales,** sean propios (venta cruzada) o de terceros (productos complementarios o financiación), aumenta el potencial de negocio, pero también la complejidad de la tienda virtual.

ACTIVIDAD COMPLEMENTARIA

4. Accede al siguiente enlace en el que se muestra el proceso de atención en un proceso de compra *online* e identifica los canales de comunicación de los que debe disponer una tienda *online.*

https://redirectoronline.com/uf00320206

Describe qué capacidades debe tener el profesional del servicio de atención al cliente (asertividad, escucha activa...).

TAREA 5

Observa el sitio web de una tienda de flores, mostrado en el siguiente enlace:

Continúa en página siguiente >>

<< Viene de página anterior

https://redirectoronline.com/uf00320203

A partir de la información que aparece publicada en la página web de la floristería, deberás:

- Identificar la página web y la imagen y productos que comercializa.
- Explicar la repercusión de la página web en sus relaciones comerciales *online* y *offline*.
- Diferenciar los elementos clave de la página web.
- Evaluar críticamente la página web.

A continuación, analiza las herramientas y elementos de comunicación comercial que presenta el sitio web (buzón de sugerencias, correo electrónico...), así como la ubicación correspondiente dentro del mismo, identificando además los sistemas de pago y criterios de seguridad usados en la comercialización de los productos ofertados por la empresa.

4.3. Visitas guiadas

Las visitas guiadas consisten en la **presentación de un video mediante el cual se orienta al usuario acerca del recorrido a seguir,** logrando además atraer de manera muy visual a los posibles compradores o interesados.

Observa el siguiente ejemplo, muy esquemático e intuitivo, en el que se realiza una visita guiada conceptual de un centro comercial virtual.

Pinchamos en el botón de bienvenidos y nos sumergimos en la actividad principal de la web.

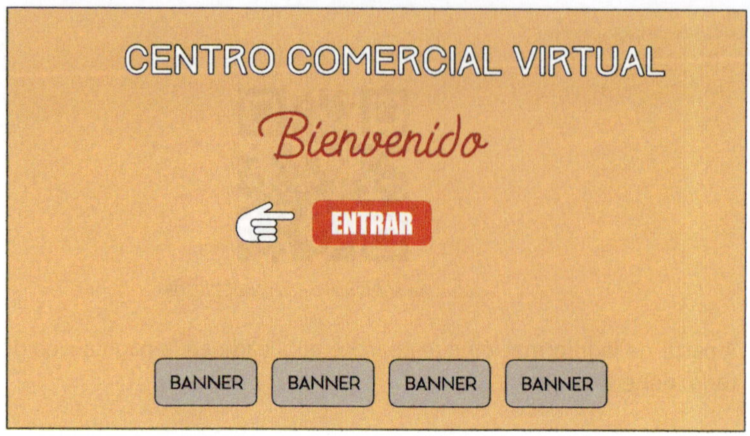

En esta pantalla aparecerán las distintas tiendas que conjugan este centro comercial. Podemos tener la posibilidad de ser socios de esta tienda y acceder a ella con determinados privilegios. Aconsejamos añadir alguna pestaña con las condiciones de uso de la página. Pinchando en "Teleoperador", este nos aclarará las posibles dudas que tengamos y nos explicará el funcionamiento de la misma.

El servicio de ayuda en directo mediante chat con un teleoperador es muy útil, porque puede resolver dudas en el momento y agilizar el proceso de compra.

A continuación, hemos llegado a la tienda, donde aparecerán los distintos tipos de productos que se ofrecen en ella. Un catálogo de productos bien organizado y con suficiente información adicional es imprescindible para que el usuario pueda comparar productos fácilmente y terminar el proceso de compra.

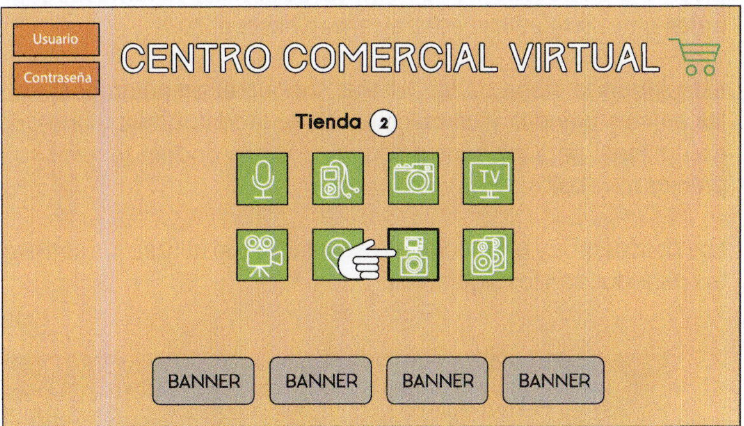

Seleccionaremos el producto, añadiéndolo al carro de compra virtual, y procederemos a su compra.

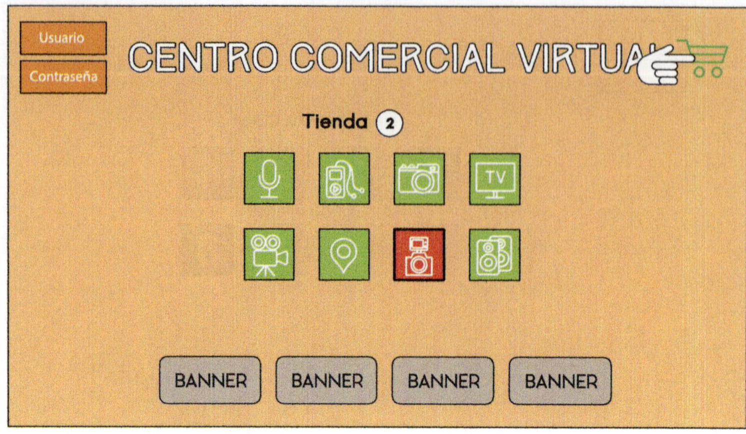

4.4. Acciones promocionales y *banners*

Todos los usuarios saben que a pocas semanas del inicio de las rebajas de invierno, muchas de las **tiendas y superficies comerciales "se lanzan a la piscina" con descuentos aún mayores con las ya famosas segundas rebajas** que, en muchos casos, alcanzan hasta el 70 %.

Esta segunda etapa de las rebajas supone el empujón final para liquidar las últimas prendas y complementos de la temporada y una oportunidad excepcional para los consumidores, quienes podrán renovar su armario a precios muy bajos.

Los descuentos y promociones especiales que utilizan los comercios en estos períodos son los siguientes:

Vale diferido

- Implica un incremento del gasto para el fabricante, haciendo que se vea comprometido durante un largo período de tiempo con la promoción. Consiste en proporcionar un vale o cupón que suele ir adherido al producto en el envase, etiqueta o envoltorio.

Reembolso

- Este tipo de promoción consiste en el abono de una cantidad al cliente, que anteriormente adquirió un producto mediante el envío de la prueba de compra.

Continúa en página siguiente >>

<< Viene de página anterior

Producto adicional

- Esta oferta consiste en el incremento de la cantidad del producto, sin modificar el precio de venta al público.

La oferta de autoliquidación

- En esta promoción se puede acceder a la compra de un producto ofertado mediante la compra de un producto base, siendo ambos diferentes.

El regalo directo

- Se basa en la obtención de un regalo por la compra de un artículo.

La calidad del producto resulta necesaria para mantener al cliente, pero por sí sola no es suficiente para atraer nuevos clientes, por lo que se debe dar a conocer al mercado la existencia del producto y los beneficios que su uso reporta al consumidor.

Como instrumento de *marketing,* **la promoción cumple tres funciones** fundamentales: **informar, persuadir y recordar;** de esta forma, para incentivar las visitas a nuestra web y aumentar su popularidad, o para conseguir bases de datos de clientes potenciales, se pueden realizar **acciones promocionales** que normalmente deberán ir acompañadas de algún tipo de incentivo para fomentar la participación.

El problema es que en multitud de ocasiones las acciones no están correctamente orientadas; en algunos casos, buscan vender sin más o simplemente ganar notoriedad, por lo general, a un coste elevado. Las promociones tratan de estimular la demanda a corto plazo de un producto, comunicando su existencia, características y necesidades que satisface.

A continuación, se muestran algunas de las **acciones promocionales** que pueden aplicarse a una tienda virtual para lograr los resultados planificados:

Regalos directos	Productos gratis	Concursos	Envases promocionales

Continúa en página siguiente >>

<< Viene de página anterior

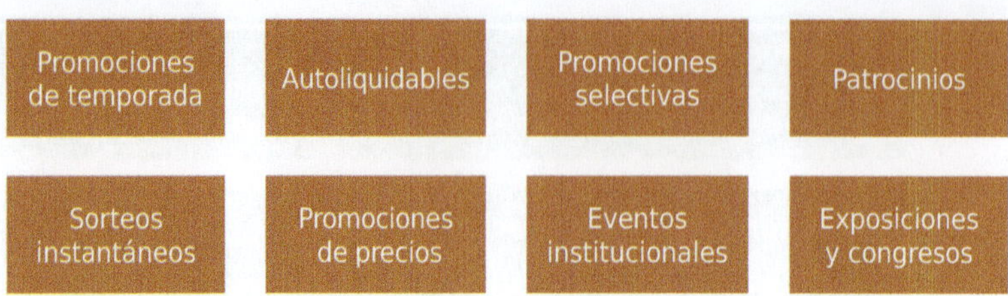

El *banner*

La inserción de ***banners*** o **anuncios publicitarios en la web** se ha acabado convirtiendo en la herramienta más extendida para realizar campañas publicitarias en la red.

El anunciante realiza un *banner* para que los visitantes de la página web donde se ha alquilado el espacio pulsen sobre él. Casi con toda seguridad, **al pulsar el visitante será redirigido a la *website* del anunciante,** donde se habrá preparado un mensaje acorde con el contenido del *banner,* ofreciendo sus productos o servicios al visitante.

El simple hecho de pulsar o hacer clic sobre un *banner* se conoce con el nombre de ***click-through;*** de esta forma, un *banner* conseguirá ser más eficaz en la medida en que logre un elevado número de pulsaciones cuando aparece en la web. El modo en que se mide la efectividad de un *banner* es el **ratio de *click-through,*** es decir, el porcentaje de veces que el *banner* es pulsado sobre el total de apariciones del mismo en diferentes páginas web.

Los *banners* eficaces suelen tener las siguientes **características:**

- **Son *banners* animados:** un *banner* animado en una página web estática es una buena idea. Las animaciones permiten transmitir varios mensajes o conceptos encadenados, que no podrían realizarse en otros soportes más estáticos.
- **Dar sensación de algo importante o urgente:** un *banner* con el mensaje de que es la última oportunidad para conocer algo o beneficiarse de una oferta tendrá un alto porcentaje de pulsaciones.
- **Llamar a la acción al visitante:** solicitar al navegante que haga algo es una opción muy interesante. El comúnmente utilizado "Pulse aquí" ayuda a animar al receptor de nuestros mensajes, aunque pueden incluirse muchas otras opciones similares.

- **Incluir la palabra "Gratis":** también resulta notorio y llamativo. Una oferta de productos o servicios gratuitos siempre resulta atrayente *a priori.*
- **Preguntas:** preguntar o elaborar mensajes con cierto misterio produce curiosidad y, por tanto, colabora a interesar al navegante en nuestro mensaje.
- **Uso de colores llamativos:** el uso de colores atractivos y fuertes produce mayor notoriedad.

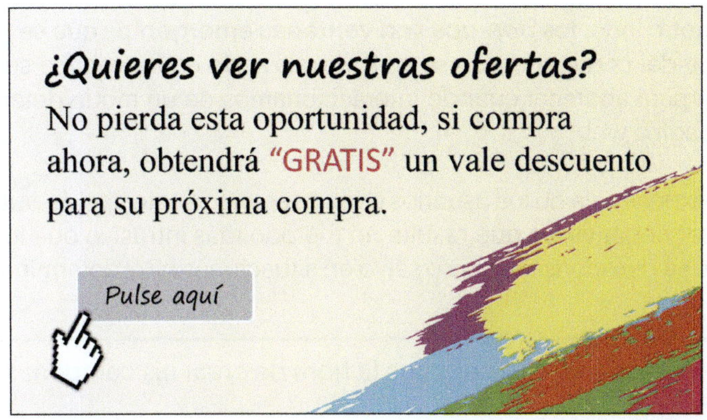

Ejemplo de banner

Publicidad en redes sociales y *Pop-Ups*

Un tipo de publicidad que se encuentra en auge es la que se ofrece en las **redes sociales.** Consiste en ofrecer anuncios pagados por las marcas que **se muestran mientras navegas por las redes,** con la finalidad de que los usuarios realicen una determinada acción tras mostrarlos. Estos se pueden mostrar en *banners* o mientras ves historias, fotos o vídeos.

Las principales ventajas de este tipo de publicidad son:

- Se encuentran en el mismo formato con el que trabaja la red social, así resultan menos intrusivos para los usuarios.
- Estos anuncios son más económicos que los publicados en otros canales digitales.
- Tienen una amplia audiencia.
- Ofrecen muchas posibilidades de segmentación.

Continúa en página siguiente >>

Además de los anuncios, las redes sociales son propicias para realizar patrocinios con *influencers*.

Por otro lado, **los *pop-ups* son ventanas emergentes** que se muestran encima del contenido que se está visualizando en la web. Se suelen programar para aparecer cuando interaccionamos de un modo determinado con la página web.

La experiencia de los usuarios cuando se utiliza este tipo de publicidad suele ser negativa, ya que resulta un método más intrusivo que los demás, así que se desaconseja su uso salvo en situaciones muy determinadas.

¿Qué debemos tener en cuenta a la hora de crear las campañas?

Hay otros valores muy importantes a tener en cuenta en la realización de campañas de publicidad y *marketing* dirigidas a **públicos objetivos concretos.** A continuación puedes ver cuáles son:

Segmentación

- Todas las campañas publicitarias se dirigen a un *target* específico. De nada sirve conseguir ratios de pulsación muy altos entre públicos no susceptibles de estar interesados en los productos o servicios de la empresa.
- A la hora de realizar cualquier tipo de campaña, es necesario definir muy bien sus palabras clave para que se muestre a usuarios realmente interesados en el producto o servicio que se oferta. Estas palabras serán utilizadas posteriormente por las empresas con las que contratemos las campañas, y estas, mediante las *cookies*, nos permitirán llegar al público que realmente nos interesa.

Localización

- Uno de los factores fundamentales para lograr que un servicio publicitario sea eficaz es que esté bien situado en la página donde se alquila el espacio. La mejor posición es la parte superior, ya que el orden de descarga en toda página web o red social es de arriba abajo.
- También es necesario escoger qué tipo de publicidad es más susceptible de ser vista por nuestro público objetivo. De poco servirá hacer una campaña en *Facebook* o *Instagram* de productos enfocados a mayores de 70 años.

Continúa en página siguiente >>

<< Viene de página anterior

Frecuencia

- Para que una campaña de publicidad sea eficaz necesita ser vista un número concreto de veces. Es muy probable que el usuario no acceda a ella la primera vez que la vea; no obstante, cuando la vea varias veces, posiblemente accederá. De igual modo, cualquier campaña publicitaria pierde eficacia a medida que aumenta el número de veces que aparece en los mismos medios.

Creatividad en pruebas

- Antes de iniciar una campaña publicitaria en la red, es aconsejable realizar una serie de pruebas diferentes con variadas ideas creativas e incluso diversos diseños, conceptos y ofertas.

TAREA 6

Dentro de las páginas web comerciales se encuentran todos los sitios cuyo fin es realizar una transacción comercial *online* o contribuir a una transacción *offline*. Es el caso de la floristería Beltrán, que tras más de cuatro años de funcionamiento, en los que ha logrado afianzarse como líder en el mercado, ha comprobado que su web ha dejado de ser atractiva para la mayor parte de los usuarios que la visitan.

Observa el sitio web de una tienda de flores, accediendo al siguiente enlace:

https://redirectoronline.com/uf00320203

Tras analizar este sitio web, ¿qué características debería poseer la web de la floristería Beltrán?

Describe dichas características, así como los enlaces y utilidades de los *banners* para la promoción *online* de productos y servicios.

Continúa en página siguiente >>

<< Viene de página anterior

¿Qué productos o servicios deben resaltarse dentro de la página para que su comercialización *online* resulte exitosa? Identifica las características de los mismos.

Comunicaciones comerciales no deseadas

Hoy en día, debido al auge y la proliferación de las promociones electrónicas masivas, si los usuarios reciben comunicaciones comerciales no deseadas a través de canales electrónicos, pueden adoptar una serie de medidas:

- Revisar la información facilitada por su proveedor de acceso a internet sobre herramientas que permitan el filtrado de contenidos no deseados.
- Poner filtros que eviten la recepción de comunicaciones comerciales no deseadas.
- Si se ha cometido una infracción del artículo 21 o del artículo 22 de la LSSI, dirigirse a la Agencia Española de Protección de Datos.
- Si se ha cometido una infracción del artículo 20 de la LSSI, dirigirse al Ministerio de Economía, Comercio y Empresa.

Al igual que ocurre en la venta presencial, en la venta *online* también es necesario aplicar, adaptadas a este canal de venta, las estrategias de *marketing*. Entre ellas, se puede citar la venta cruzada, pudiéndose realizar también de forma *online* ventas complementarias, adicionales y sustitutivas.

 **VÍDEO**

Observa el siguiente video para poder ver un ejemplo de lo explicado:

https://redirectoronline.com/uf00320207

TAREA 7

Observa los datos obtenidos de la segmentación de clientes realizada por un comercio de León. Para ello, el responsable del establecimiento ha utilizado dos de las variables más frecuentes: el gasto medio y la frecuencia media de compra.

- Gasto medio mensual: 150 €
- *Ticket* medio: 83 €
- Frecuencia media: 1,8
- Regularidad: 66 %
- Antigüedad: 1,5
- Gasto Perecederos: 15 %
- Gasto Promoción: 45 %
- Gasto Primera marca: 10 %
- Gasto Primer precio: 30 %
- Gasto Marca propia: 40 %
- Tamaño hogar: 3,6

Segmentos

Entre los distintos segmentos de clientes se pueden destacar: un primer grupo denominado *La despensa,* pues accede al punto de venta virtual muy raramente, pero adquiere grandes volúmenes de compra en cada visita; sin embargo, el segundo grupo, *La compra diaria,* realiza muchas visitas, aunque de bajo importe; y un tercer grupo, *En promoción,* se sitúa justamente en la media de ambas variables, pero constituye un grupo homogéneo caracterizado por el alto gasto en promociones, primer precio, hogar grande, con hijos, etc.

Como puedes observar, cada segmento tiene comportamientos y necesidades propias, por lo que se debería adoptar una estrategia específica para cada uno de ellos.

De esta forma, deberás determinar en primer lugar qué tipología de producto o servicio va a comercializar a través del sitio web de la empresa.

Sabiendo esto, y a partir de la información convenientemente caracterizada en los párrafos anteriores, deberás:

- Identificar las dos tipologías de clientes restantes, de las cuales se derivan los datos reflejados en el enunciado de la tarea.

Continúa en página siguiente >>

<< Viene de página anterior

- Identificar sus necesidades de compra, haciendo uso de la información suministrada a través de las herramientas informáticas de gestión de clientes, que aparecen en el enunciado de la tarea.
- Identificar y seleccionar la información de las características del producto o servicio que permita destacar las ventajas y la adecuación a las necesidades del cliente.

¿De qué forma se podrían provocar diferentes ventas adicionales, sustitutivas y/o complementarias a través de la página web? Especifica las acciones a realizar o los elementos a tener en cuenta para esto en el diseño de la página.

5. Medios de pago en internet

 **HILO CONDUCTOR**

La Dirección de LIMPISA es consciente de que una transparencia total en la política de pagos es fundamental para contrarrestar los efectos del abandono del carrito; sin embargo, hay algo que la compañía no tiene todavía claro y es que en la planificación de la tienda virtual solo se muestran los costes de envío o comisiones en la fase final de pago, lo que literalmente espanta al usuario. En otras palabras, la Dirección debe reducir las fases del proceso de pago al mínimo, mostrando la totalidad del procedimiento de forma clara y solicitarle al cliente la información personal que realmente sea imprescindible.

La expansión de la actividad económica en el último siglo, el aumento exponencial del número de transacciones y su diversidad han provocado la aparición de **instrumentos financieros adaptables a las más sofisticadas necesidades.** El surgimiento de internet como una nueva vía de comunicación es un paso más en el fenómeno de la creación de medios financieros.

Los **medios de pago en internet** tienen las siguientes **características:**

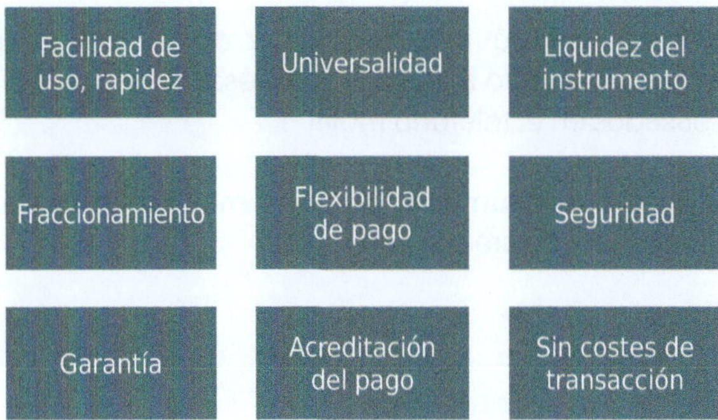

No existe ningún medio de pago que cumpla todas esas características. Dicho de otra manera, todos los medios presentan algún inconveniente e incumplen alguno de los requisitos enumerados.

Los **medios de pago disponibles** en la actualidad son los siguientes:

- **Tarjeta de crédito:** es una tarjeta plástica, magnetizada y numerada que se utiliza como un instrumento de crédito que permite diferir el cumplimiento de las obligaciones dinerarias asumidas con su sola presentación, sin necesidad de provisionar previamente fondos a la entidad que asume la deuda.
- **Tarjeta de débito:** es una tarjeta plástica, magnetizada y numerada que se utiliza para realizar compras de bienes y/o servicios en establecimientos comerciales físicos o a través de internet en las tiendas virtuales en las que se permita el uso de estas tarjetas.
- **Dinero electrónico o digital:** el dinero electrónico o digital es un sistema para la adquisición de créditos de dinero en cantidades relativamente reducidas.
- **Tarjeta inteligente o *smart card:*** es cualquier tarjeta del tamaño de un bolsillo con circuitos integrados que permiten la ejecución de cierta lógica programada.
- **Tarjeta monedero:** se trata de una tarjeta que sirve como medio de pago por las características físicas que posee, ya que puede ser recargable o desecharse si ya no nos encontramos interesados en su uso.
- **Tarjeta relacionista:** es una tarjeta que posee un microcircuito que permite la coexistencia de diferentes aplicaciones en una sola tarjeta, es decir, que funcione como tarjeta de crédito, tarjeta de débito, dinero electrónico, etc.
- **Cheque electrónico:** es una versión electrónica del cheque impreso. Al igual que el documento de control, el cheque electrónico es un documento jurídicamente vinculante como promesa de pago.

- **Pago mediante móvil:** la generalización del teléfono móvil en los últimos años ha llevado a algunas empresas telefónicas a desarrollar sistemas basados en el teléfono móvil.

En la práctica, el **instrumento de pago más utilizado en internet** actualmente es la tarjeta de crédito.

5.1. Seguridad y confidencialidad

Entre las principales **razones de la popularización y el éxito de internet** está el hecho de que se trata de una red abierta. Como el protocolo utilizado por los ordenadores que se conectan a internet es gratuito, **cualquier red u ordenador pueden conectarse sin más costes que los de la propia conexión.** No hay una autoridad central que pueda imponer un precio o unas condiciones diferentes de las estrictamente técnicas.

Esta extraordinaria **facilidad de acceso y popularidad** es el principal atractivo desde el punto de vista comercial. Lo que ocurre es que **no hay una cultura de la seguridad en la red.** La protección legal del comercio electrónico ha requerido también la elaboración de nuevas normas.

El candado que aparece en la barra de direcciones en algunas páginas web indica que la página es segura.

La protección frente a la publicidad no deseada, cuyo coste de transmisión recae sobre el consumidor, requiere ahora un tratamiento diferente que cuando recaía de manera exclusiva sobre el anunciante. El reconocimiento jurídico de las firmas electrónicas y del arbitraje electrónico en los países de la Unión Europea ha establecido un **marco legal que garantiza la calidad de los certificados** y agiliza los trámites judiciales.

La seguridad en internet y las leyes que la protegen están basadas principalmente en los **sistemas de encriptación.** Esos sistemas son los que permiten que las informaciones que circulan por internet resulten ininteligibles para cualquier otra persona que no sea aquella a la que va destinada.

ACTIVIDAD COMPLEMENTARIA

5. Analiza el siguiente artículo y reflexiona acerca de la importancia que tiene la encriptación de la información que se compararte por internet.

https://redirectoronline.com/uf00320208

5.2. TPV virtual

La mayoría de los bancos y cajas de ahorro de todos los países ofrecen ya servicios de banca electrónica, incluyendo servicios y contratos de Terminal Punto de Venta Virtual (TPVV). Los **contratos de Terminal Punto de Venta** son los contratos corrientes que se establecen entre un comerciante y aquella entidad financiera con la que normalmente trabaje para poder aceptar el pago con tarjeta de los clientes.

El TPV Virtual es el **sistema más seguro para la utilización de las tarjetas de crédito en internet.** Este sistema no solo garantiza que los datos de la tarjeta viajarán encriptados directamente desde el comprador al banco intermediario sino que, además, no serán conocidos en ningún momento por el vendedor.

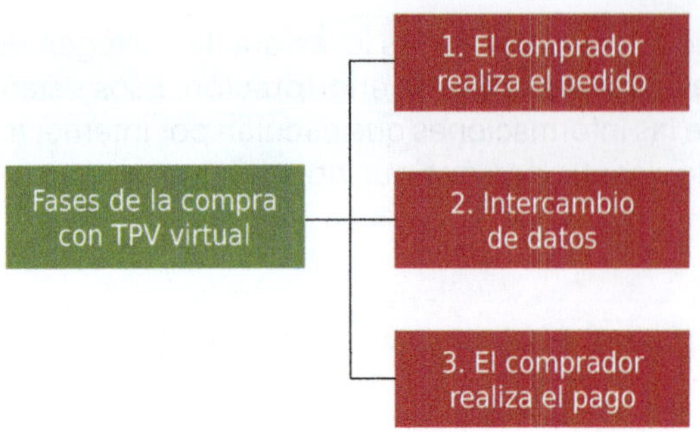

DEFINICIÓN

Encriptación

Proceso mediante el cual se vuelve ilegible la información que se considera importante. Una vez encriptada, la información solo puede leerse aplicándole una clave. Se trata de una medida de seguridad que es usada para almacenar o transferir información delicada que no debería ser accesible a terceros. Pueden ser contraseñas, números de tarjetas de crédito, conversaciones privadas, etc. El texto plano que está encriptado o cifrado se llama criptograma.

Los pasos que se siguen en una venta por internet son los siguientes:

1. El comprador visita las páginas web de la tienda virtual. Va seleccionando los productos que desea y añadiéndolos al **carro de compra virtual.** Una vez que concluye su compra, inicia el proceso de pago pulsando el botón correspondiente.
2. El paquete de programas proporcionados por el banco e incorporados a la tienda virtual realiza las siguientes operaciones:

   a. Genera un identificador, que es específico de esa transacción.
   b. Archiva para el vendedor los datos del pedido: la lista de productos y la forma y dirección para el envío, junto con el identificador.
   c. Envía al banco los datos esenciales de la transacción: la identidad del vendedor, el identificador de la transacción y su importe.

3. En la pantalla del comprador aparece un formulario web que ya no está alojado en el servidor del vendedor, sino en el del banco, que es un servidor con seguridad tipo "https" o "SSL". En ese formulario consta el importe total de la operación y se identifica al vendedor. El comprador

introduce en el formulario del banco los datos de su tarjeta de crédito. Los datos viajan encriptados al banco.

4. El banco comprueba la validez de la tarjeta. Una vez comprobada, realiza los cargos y abonos correspondientes y comunica al vendedor que la transacción correspondiente al identificador es válida.
5. El vendedor procede al envío de la compra.

5.3. Transferencias y cobro contra reembolso

En materia de cobros y pagos, una **transferencia** es una **operación bancaria** por la que una persona ordena electrónicamente a su banco que tome parte de sus fondos en una cuenta bancaria y los deposite en la cuenta bancaria de otra persona.

Las transferencias bancarias son **medios de pago muy prácticos,** ya que permiten hacer pagos con un riesgo muy reducido de fraude y a distancia. En este sentido, **PayPal** es uno de los **sistemas de pago *online*** relativamente más recientes.

Cobro contra reembolso

Otro de los sistemas utilizados es el **cobro contra reembolso.** Este sistema permite la recepción y envío de dinero en internet de forma rápida y segura entre comprador y vendedor.

El envío contra reembolso es aquel en el que **se abona el producto en efectivo al realizarse la entrega.** Este método suele ser el preferido de los compradores, ya que les da mayor seguridad y confianza. Presenta, además, dos características básicas:

Aumento de la confianza del cliente	El cliente no paga hasta que no tiene el producto en la mano. Los clientes con un nivel alto de desconfianza en las compras *online* suelen elegir sistemáticamente esta forma de pago si está disponible.
Alto índice de riesgo para la tienda virtual	Si rechazan el reembolso, los gastos corren por cuenta de la tienda virtual. El reembolso tiene un porcentaje de incidencias enorme, debido tanto al cliente como a las empresas de logística.

6. Conflictos y reclamaciones de clientes

HILO CONDUCTOR

Uno de los puntos fuertes de LIMPISA como entidad es la atención que presta el Servicio de Atención al Cliente a los consumidores; de hecho, dentro de su sector es la empresa que menor cantidad de quejas y reclamaciones recibe por parte de sus clientes. Detrás de este hecho hay unos parámetros de calidad que regulan la política del grupo en lo referente a aspectos como amabilidad, flexibilidad, profesionalidad o eficacia, gracias a los cuales el personal responsable de atender al cliente representa uno de los departamentos a destacar dentro del organigrama de la entidad.

Un **factor clave para el éxito** empresarial es otorgar al cliente la máxima importancia y mantener con él una relación que lo convenza de la calidad del servicio, especialmente cuando hay de por medio alguna reclamación suya.

La legislación vigente en España reconoce al consumidor una serie de derechos, cuyo cumplimiento vigilan las Administraciones Públicas. Los más destacables son el derecho a la correcta información sobre los bienes y servicios, a la presentación y tramitación de las reclamaciones, a la protección de sus intereses económicos y a la reparación de daños y perjuicios a través de un sistema arbitral y de los tribunales de justicia.

En este sentido, existen una serie de **organismos encargados de la protección,** tanto del consumidor como de las empresas.

Protección del consumidor	Apoyo a las empresas
- La protección del consumidor está a cargo de la **Oficina Municipal de Información al Consumidor (OMIC)** y de las direcciones de consumo de las comunidades autónomas. - También protegen al consumidor otras asociaciones privadas sin ánimo de lucro, como la **OCU** (Organización de Consumidores y Usuarios) o la **UCE** (Unión de Consumidores de España).	- Los empresarios también están protegidos en sus diferencias con los clientes en lo que a materia de consumo y trámite de reclamaciones se refiere. Las **cámaras de comercio** prestan este apoyo a las empresas **por medio de sus servicios jurídicos.**

Puedes consultar la lista de direcciones de consumo de las comunidades autónomas accediendo al siguiente enlace:

https://redirectoronline.com/uf00320209

Durante su experiencia de compra los clientes deben conocer en todo momento los procesos a seguir para realizar una devolución, las garantías que pueden conseguir o la facilidad de acceso a un cambio de artículo. Estas circunstancias, unidas al **menor número de pasos posible para la transacción** y la **consistencia del proceso,** harán que la experiencia de compra mejore y la empresa pueda fidelizar a un cliente.

6.1. Gestión *online* de reclamaciones

El **comercio electrónico** no tiene ningún régimen especial de solución de conflictos en el ámbito del consumo. Por ello, los medios de los que disponemos para ejercer nuestros derechos son los mismos que tenemos en los casos de reclamaciones contra comercios tradicionales:

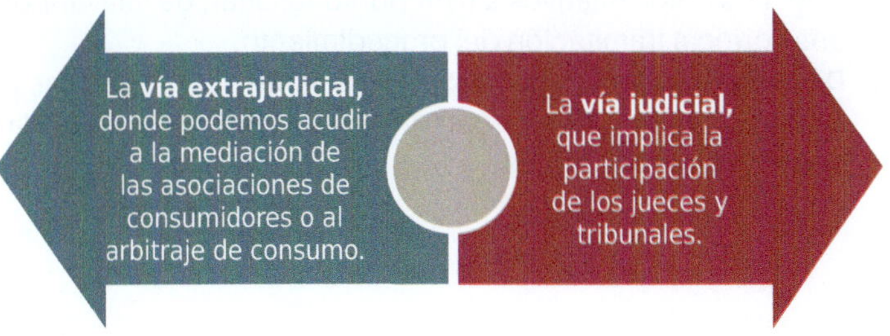

En un principio, **la vía extrajudicial** es la mejor opción para la **solución de los conflictos de consumo,** ya que están pensados para que el consumidor obtenga una respuesta satisfactoria a su problema de una forma rápida y económica.

En este sentido, las asociaciones de consumidores desempeñan un papel fundamental. En primer lugar, porque la información que proporcionan al ciudadano puede evitar que surjan esos problemas que ahora intentamos solucionar acudiendo a ellas. Y, en segundo lugar, porque la **Ley General para la Defensa de los Consumidores y Usuarios** les otorga solamente a ellas la representación de los consumidores y la posibilidad de ejercer las acciones correspondientes en defensa de los intereses de los mismos.

Por otra parte, el **arbitraje de consumo** se ha convertido en una de las soluciones extrajudiciales más eficaces para conseguir una rápida respuesta al problema que se plantea.

Para iniciar los **trámites correspondientes al procesamiento de una reclamación** es necesario poder identificar claramente al reclamante, el objeto de la reclamación y la empresa reclamada o contra quién se reclama. Así, los datos necesarios son los siguientes:

1. **Datos del reclamante:** en el caso de que el reclamante sea un consumidor individual, deberá aportar una fotocopia del DNI o documento oficial equivalente y los datos de su domicilio, teléfono de contacto, correo electrónico, etc., y, en caso de ser el domicilio diferente al recogido en el documento de identificación, la dirección del mismo. Si el reclamante es una empresa, deberá indicar su denominación o razón social, el domicilio social y, en su caso, los datos personales de su representante legal que, además, deberán aportarse al escrito de reclamación.
2. **Datos del reclamado:** estos han de reflejarse de forma detallada, especialmente en lo relativo al nombre o denominación social del reclamado.
3. **Identificación de la conducta reclamada:** el reclamante deberá describir de la forma más precisa posible los hechos que motivan su reclamación. Los datos relativos a este punto resultan de vital importancia para una correcta tramitación del procedimiento.
4. **Documentación y pruebas:** el reclamante deberá aportar, junto con su reclamación, todos los documentos y pruebas pertinentes que sirvan de apoyo a sus alegaciones.

ANVERSO

JUNTA DE ANDALUCIA CONSEJERÍA DE ADMINISTRACIÓN LOCAL Y RELACIONES INSTITUCIONALES

CÓDIGO IDENTIFICATIVO

Nº REGISTRO, FECHA Y HORA

HOJA DE QUEJAS Y RECLAMACIONES / COMPLAINTS SHEET

Lugar del hecho: .... Provincia: .... Fecha: ....
Place of incident Province Date

1 DATOS DE LA PERSONA RECLAMANTE / COMPLAINANT'S DETAILS (1)

Nombre: .... Apellidos: ....
Name(s) Surname

Sexo: .... Edad: .... DNI o Pasaporte: .... Nacionalidad: ....
Sex Age ID / Passport No. Nationality

Profesión: .... Domicilio: ....
Occupation Address

Municipio: .... Provincia: .... Cód. Postal: ....
Town Province / Country Post Code

Teléfono: ....
Telephone number

Dirección de correo electrónico: ....
Electronic address

¿Acepta la realización de un arbitraje o de una mediación para solucionar el problema?
Do you want arbitration o mediation procedures to be taken in order to resolve the problem?

☐ Sí, acepto la realización de un arbitraje.
(2) Yes, I want arbitration procedures to be taken.

☐ Sí, acepto la realización de una mediación
(3) Yes, I want mediation procedures to be taken.

2 DATOS DE LA EMPRESA O PROFESIONAL / COMPANY OR PROFESSIONAL'S DETAILS (1)

Nombre o razón social: ....
Name or company name

CIF o NIF: .... Actividad: ....
Tax identification Code No. Company activity

Domicilio: ....
Address

Municipio: .... Provincia: .... Cód. Postal: ....
Town Province / Country Post Code

Teléfono: ....
Telephone number

Dirección de correo electrónico: ....
Electronic address

¿Acepta la realización de un arbitraje o de una mediación para solucionar el problema?
Do you want arbitration o mediation procedures to be taken in order to resolve the problem?

☐ Sí, acepto la realización de un arbitraje.
(2) Yes, I want arbitration procedures to be taken.

☐ Sí, acepto la realización de una mediación
(3) Yes, I want mediation procedures to be taken.

3 DESCRIPCIÓN DEL HECHO Y PRETENSIONES DE LA PERSONA RECLAMANTE/ DESCRIPTION OF THE COMPLAINT AND COMPLAINANT'S PRETENTIONS

4 OBSERVACIONES DE LA EMPRESA SOBRE LOS HECHOS RECLAMADOS / OBSERVATIONS OF THE COMPANY REGARDING THE COMPLAINT

PERSONA CONSUMIDORA: FIRMAS: PARTE RECLAMADA:
CONSUMER SIGNED COMPANY OR PROFESSIONAL

Ejemplar para la Administración
Copy for the Administration

0013222/2D

Hoja de reclamaciones de Andalucía

Como has visto, el trámite para presentar una reclamación puede realizarse de forma *online,* aunque hay que tener en cuenta que cada comunidad autónoma tendrá sus propios documentos y procedimientos.

EJEMPLO

En Andalucía, este trámite puede realizarse accediendo al siguiente enlace:

https://redirectoronline.com/uf00320211

Pero independientemente del lugar donde se realice, para iniciar los trámites correspondientes al procesamiento de una reclamación, es necesario contar con una serie de datos que hay que reflejar adecuadamente en la correspondiente hoja de reclamación.

EJEMPLO

Observa en el siguiente enlace una hoja de reclamaciones correctamente cumplimentada:

https://redirectoronline.com/uf00320212

6.2. Garantías de la comercialización *online*

Los productos que hayan sido adquiridos a través de internet también se regirán por el Real Decreto Legislativo 1/2007, de 16 de noviembre, por el que se aprueba el texto refundido de la Ley General para la Defensa de los Consumidores y Usuarios y otras leyes complementarias.

En este sentido, el vendedor está obligado a entregar al consumidor un bien que sea conforme con el contrato de compraventa y las garantías a las que tiene derecho el consumidor se aplicarán tanto a productos nuevos como de segunda mano, aunque estos últimos cuentan con alguna particularidad.

¿Y qué ocurre en el caso de adquirir **un producto defectuoso o que no responda a las características anunciadas** u ofertadas?

En tal caso, el consumidor puede optar entre la reparación del bien o su sustitución, salvo que esto resulte imposible o desproporcionado. La reparación y la sustitución serán gratuitas para el consumidor y comprenderán los gastos necesarios realizados para subsanar la falta de conformidad de los bienes con el contrato, así como los costes relacionados con la mano de obra y los materiales.

Ante tal situación, las **actuaciones** a llevar a cabo por el consumidor serán las siguientes:

1. **Dirigir su reclamación al comercio**, utilizando para ello un medio que permita dejar constancia de la queja presentada. Para ello, si bien puede remitir un *e-mail* a la empresa, también es conveniente que le dirija un escrito certificado con acuse de recibo o burofax al domicilio señalado en el contrato de atención a clientes o, en su caso, al domicilio social de la empresa.
2. Una vez presentada la reclamación, **si no se obtuviera respuesta o esta no fuera satisfactoria,** el consumidor tiene por delante varias vías:

    a. Denuncia administrativa ante las autoridades competentes.
    b. Arbitraje de consumo para empresas adheridas a este.
    c. Demanda ante los tribunales de justicia.

ACTIVIDAD COMPLEMENTARIA

6. En la venta *online,* al igual que en la presencial, es obligatorio ofrecer una serie de garantías al cliente, por lo que este tendrá derecho a reclamar en caso de incumplimiento de las mismas.
   Busca información sobre las reclamaciones más habituales que se producen en la comercialización *online.*

TAREA 8

Un usuario acaba de presentar una reclamación contra una publicidad de la que es responsable directa una empresa de electrodomésticos. La publicidad había sido difundida a través de internet, en concreto, a través de la página web de la empresa. En ella se anunciaba un frigorífico, especificando sus características, precio, disponibilidad y plazo de entrega, así como el texto "Entrega a domicilio: compra *online* y tu pedido será enviado a casa en 48 horas".

Ante este mensaje, el usuario concluyó que la entrega del producto adquirido se produciría en dicho plazo, sin excepciones; sin embargo, en la publicidad se estaba omitiendo que para determinadas categorías de productos (el frigorífico estaba incluido dentro de esas categorías), el plazo de entrega podía ser superior, circunstancia que únicamente se desvelaba en el documento de "términos y condiciones".

Según esto, describe el procedimiento a seguir desde el momento en que se tiene constancia de una incidencia en el proceso, identificando para ello:

- Elementos y claves que han provocado la reclamación.
- Ámbito de responsabilidad del comercial, el canal de comercialización, el cliente u otros.
- Actuación acorde al sistema, aplicando los criterios establecidos para garantizar la idoneidad del servicio e incorporando, en su caso, la información obtenida en la herramienta informática de gestión de posventa.

Asimismo, describe las utilidades y herramientas que existen para resolver y gestionar este tipo de reclamaciones comerciales en la red y lograr relaciones de confianza con los clientes y elabora un plan de actuación en el que se esta-

Continúa en página siguiente >>

<< *Viene de página anterior*

blezcan las fases a seguir en la resolución de la reclamación, cumplimentando la documentación requerida y confeccionando un informe con los datos de la reclamación introduciendo, en su caso, los datos necesarios en la herramienta informática de gestión de reclamaciones.

6.3. Buenas prácticas en la comercialización *online*

Para lograr el éxito de una tienda virtual es fundamental trasladar confianza a todos los clientes, de ahí que el acto de presentarse resulte básico para cualquier negocio. Aquellas empresas que **disponga de una tienda *online*** deben identificarse con su razón social, su NIF y los datos de contacto, con objeto de que los que están al otro lado puedan cerciorarse de que la empresa existe y no se trata de un fraude.

En nuestro país existe el denominado **sello de confianza *online*** que las empresas de comercio electrónico pueden obtener y publicar en su página web.

Sello de confianza *online*

NOTA

El **sello de confianza *online*** ha sido creado por una plataforma público-privada en la que se han unido los principales organismos de referencia en el ámbito de la Sociedad de la Información existentes en España.

Para el buen uso del comercio electrónico debemos **basarnos en unos principios** fundamentales **para regular su actividad;** en otras palabras, en el comercio electrónico las empresas deben comprender y atender a sus clientes en internet, cumpliendo para ello con diversos requisitos:

A continuación, se describe cada uno de ellos:

- **Seguridad:** en un medio tan dinámico como internet, es necesario mantener un nivel de seguridad acorde con los procesos y/o datos a tratar.
- **Transparencia:** no crear ningún tipo de ambigüedad en los términos y en el desarrollo de los servicios de la Sociedad de la Información.
- **Seriedad:** procurará en cualquier negocio el clima de franqueza necesario para la confianza en el comercio electrónico.
- **Fidelidad:** firmeza en el cumplimiento de los compromisos alcanzados con los clientes.
- **Privacidad:** ofrecer el máximo grado de reserva tanto de las transacciones realizadas como de la identidad de los clientes y sus datos personales.
- **Disposición al cliente:** esfuerzo tendente a satisfacer las expectativas del cliente, sin renunciar, en ningún caso, a la posibilidad de superarlas, siempre y cuando esto sea posible. Entender al cliente, sus necesidades y carencias, y ofrecerle un grado de servicio y atención que le satisfaga plenamente.
- **Orientación hacia la mejora continua:** como forma de pensar y actuar en el día a día.

Partiendo de esos principios, **son recomendables una serie de actuaciones** en relación a aspectos como la comunicación comercial, las prácticas publicitarias, el proceso de compraventa, la contratación y el pago, la entrega del producto o servicio, el servicio posventa y otros aspectos complementarios.

A continuación, analizaremos cada una de las actuaciones en relación a los aspectos referidos anteriormente.

Comunicación comercial

Es el primer paso dentro de cualquier negocio, por lo que es recomendable ofrecer una amplia y exacta información sobre estos aspectos:

Producto

Los productos y servicios ofrecidos por vía electrónica, completando la misma con las especificaciones técnicas y sus características, el precio de compra completo, con referencia a los impuestos aplicables incluidos, así como la moneda, la modalidad de pago, el franqueo, los portes, las promociones y los impuestos en vigor.

Condiciones

Los términos, condiciones y formas de pago, incluyendo, en su caso, opciones de crédito.

Precio

La posibilidad de dar un precio personalizado atendiendo al bien o servicio ofertado.

Envío

Ofrecer distintas modalidades de envío de la mercancía, incluyendo la relativa a los diferentes plazos de entrega y costes asociados, con indicación del coste del seguro de transporte.

Prácticas publicitarias

En cuanto a la publicidad, se debe acatar lo dispuesto en la **Ley General de Publicidad** y la **Ley de Competencia Desleal**, siendo a su vez honesta y veraz, respetando la dignidad de las personas, así como los **derechos de propiedad intelectual e industrial** de terceras personas distintas del anunciante.

PARA SABER MÁS

Puedes consultar la legislación vigente referida a la publicidad, accediendo a los siguientes enlaces:

https://redirectoronline.com/uf00320213

https://redirectoronline.com/uf00320214

Información en el proceso de compraventa

En este sentido, es recomendable que la empresa establezca mecanismos adecuados para ofrecer una información completa y sin errores sobre:

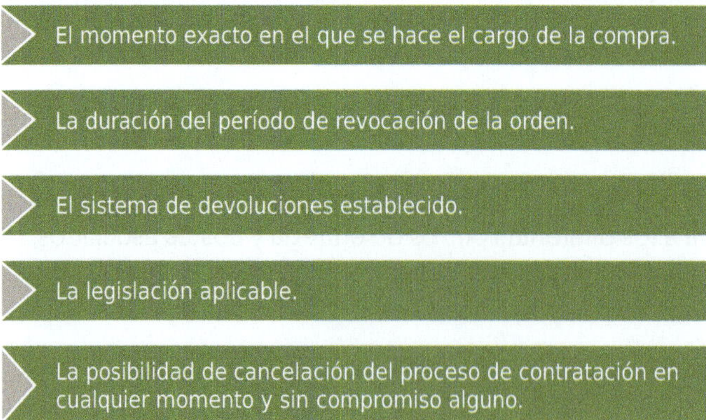

Contratación y pago

Es aconsejable que la empresa establezca y mantenga actualizados los mecanismos apropiados para:

- Permitir que el cliente acceda a las condiciones generales del contrato.
- Asumir el compromiso de utilizar un lenguaje sencillo y fácil de entender en las condiciones de compra.
- Ofrecer información completa sobre los sistemas de seguridad empleados para garantizar la seguridad y privacidad del pago.
- Permitir que el cliente pueda optar entre distintas formas de pago.
- Asumir el compromiso de usar un sistema seguro en las transacciones y acreditar su identidad mediante el uso de un certificado digital.

Entrega del bien o servicio

Se recomienda a la empresa establecer y mantener al día los mecanismos adecuados para ofrecer una información completa sobre:

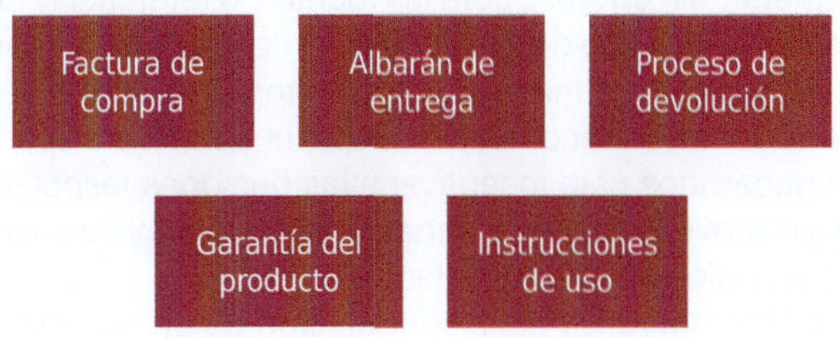

Servicio posventa

Es aconsejable que la empresa establezca y mantenga actualizados los mecanismos adecuados para:

- Ofrecer una información completa sobre los términos de la prestación del sistema posventa.
- Máxima celeridad en la devolución del importe total abonado en caso de insatisfacción con el bien o servicio adquirido.
- Ofrecer diferentes alternativas de contacto y establecer un proceso de presentación de quejas rápido y sencillo.
- Incentivar la realización de las consultas vía *e-mail.*
- Otorgar al personal encargado de estas funciones todos los recursos técnicos e informativos necesarios.

- Guardar un registro en soporte duradero donde se recojan las quejas presentadas por los consumidores.
- Ampliar su web con una sección de preguntas más frecuentes.

Otros aspectos complementarios

Para completar este código de buenas prácticas en el comercio electrónico de una forma eficaz, es necesario integrar además una serie de aspectos adicionales:

- **Tecnología.** En relación a los medios con los que debe contar la empresa y su funcionamiento es recomendable poner en marcha un servidor de red de área local, disponer de un servicio de acceso a internet rápido y fiable, y conocer el entorno legal del comercio electrónico, entre otros aspectos.
- **Personal.** La empresa debe asegurar en todo momento la competencia del personal mediante la formación, capacitación y cualificación necesarias para cada puesto, además de su propia capacidad para poder comunicarse con clientes de diferentes países.
- **Propiedad intelectual.** Se aconseja a la empresa ofrecer información completa y sin errores sobre las fuentes, o referencias de la información presentada en caso de no ser de su propiedad, asumiendo el compromiso de hacer uso de material ajeno protegido solo con autorización.
- **Proveedores.** Es recomendable que la empresa disponga de mecanismos necesarios para incentivar a las personas responsables de buscar nuevos proveedores en internet, y seleccionar y evaluar a los proveedores en función de su capacidad y calidad.
- **Contratación.** Antes de la contratación de un servicio, el prestador del mismo tiene la obligación de informar de los diferentes trámites a seguir para formalizar el contrato, comunicar los medios técnicos para corregir los posibles errores en la introducción de datos y dar a conocer los idiomas en que podrá formalizarse el acuerdo.

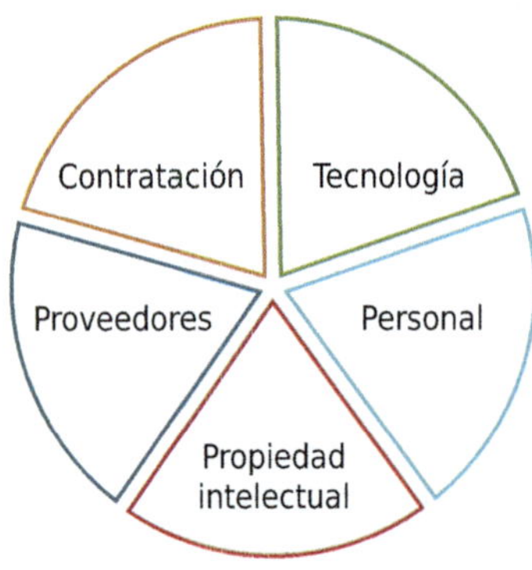

Una vez celebrada la venta, el oferente del bien deberá **acusar el recibo del pedido,** ya que la orden de compra debe ser expresamente aceptada por el cliente y **confirmar la recepción de la aceptación del destinatario.**

El contrato se entiende celebrado en el lugar que el consumidor tenga su residencia habitual, siendo debidamente informado por el vendedor de su **derecho a desistir de la compra en el plazo de catorce días,** a contar desde la recepción del producto, sin ningún tipo de penalización ni gastos, incluidos los correspondientes a la devolución del bien. Una vez aceptada la compra, el vendedor deberá entregar el producto adquirido **en un intervalo de treinta días.**

TAREA 9

Alberto Ramos, responsable de atención al cliente en una empresa de telefonía móvil, ha recibido esta mañana la llamada de una clienta que se encontraba bastante alterada.

Según afirma la misma, el importe de la última factura recibida, correspondiente al mes de julio, no coincide con la consulta que ella había realizado días antes a través de la web de la compañía. Ante esta situación, Alberto ha tenido que reaccionar rápidamente, comprobando el importe real de la citada factura y pidiéndole disculpas a la clienta por las molestias que la empresa le haya podido ocasionar.

Explica el significado e importancia del servicio posventa durante los procesos comerciales *online* de la empresa de Alberto e identifica los conflictos y reclamaciones más habituales en la comercialización *online,* diferenciándolos en función de su naturaleza.

6.4. Regulación legal del comercio electrónico

El consumo a través de internet está regulado por varias normas, entre ellas, la Ley 34/2002, de 11 de julio, denominada **Ley de Servicios de la Sociedad de la Información y de Comercio Electrónico,** que controla de forma específica la materia.

Las disposiciones contenidas en esta ley deben entenderse sin perjuicio de lo dispuesto en otras normas estatales o autonómicas de aplicación en razón de las materias y que tengan por objeto la salud y la seguridad pública, la protección de los intereses del consumidor y de sus datos personales. En este sentido, resultan también de aplicación las siguientes **normas:**

- Ley General de Publicidad: Ley 34/1988, de 11 de noviembre.
- Ley 3/2014, de 27 de marzo, por la que se modifica el texto refundido de la Ley General para la Defensa de los Consumidores y Usuarios, y otras leyes complementarias
- Ley 34/2002, de 11 de julio, de Servicios de la Sociedad de la Información y de Comercio Electrónico.
- Ley General para la Defensa de Consumidores y Usuarios: Real Decreto Legislativo 1/2007, de 16 de noviembre.
- Ley Orgánica de Protección de Datos Personales y garantía de los derechos digitales: Ley Orgánica 3/2018, de 5 de diciembre.
- Ley de Condiciones Generales de Contratación: Ley 7/1998, de 13 de abril.
- Ley 6/2020, de 11 de noviembre, reguladora de determinados aspectos de los servicios electrónicos de confianza.
- Ley de Ordenación del Comercio Minorista: Ley 1/2010, de 1 de marzo, de reforma de la Ley 7/1996, de 15 de enero.
- Reglamento (UE) 2016/679 del Parlamento Europeo y del Consejo de 27 de abril relativo a la protección de las personas físicas en lo que respecta al tratamiento de datos personales y a la libre circulación de estos datos y por el que se deroga la Directiva 95/46/CE (Reglamento general de protección de datos).

ACTIVIDAD COMPLEMENTARIA

7. Analiza el proceso de una compra *online*, identificando las buenas y malas prácticas llevadas a cabo en tal caso. Para ello, puedes tomar como referencia alguna experiencia propia o de alguien conocido.

TAREA 10

La actividad comercial del concesionario del señor Antúnez se encuentra en una situación cada día más complicada, que plantea exigentes desafíos a todos los

Continúa en página siguiente >>

<< *Viene de página anterior*

departamentos del concesionario, especialmente al área de atención al cliente en lo que a la comercialización *online* se refiere.

¿Qué situaciones comerciales precisan seguimiento y posventa en la comercialización *online* de este concesionario? Identifícalas y describe los momentos o fases que deberían caracterizar el proceso posventa y la seguridad *online* del mismo.

Por último, describa la conducta a llevar a cabo para afrontar rápida y eficazmente las quejas y reclamaciones de los clientes habituales de la comercialización *online* del concesionario, con vistas a que el señor Antúnez las ponga en marcha dentro de su servicio de atención *online.*

---

7. Aplicaciones a nivel usuario para el diseño de páginas web comerciales: gestión de contenidos

HILO CONDUCTOR

Al igual que en el desarrollo web de otras aplicaciones, la empresa encargada de implantar y diseñar la web corporativa de LIMPISA les ha hecho ver a los miembros de la Dirección que la estética y la eficiencia de la misma representan un papel fundamental; de hecho, una buena visualización de la página, que facilite la navegación de los posibles clientes y haga su visita agradable con un contenido de calidad, potenciará en ellos la necesidad de volver y consumir sus productos.

El **diseño web** se define como una actividad que consiste en la planificación, diseño e implementación de sitios y páginas web. No es simplemente una aplicación del diseño convencional, ya que requiere tener en cuenta cuestiones tales como la navegabilidad, interactividad, usabilidad, arquitectura de la información y la interacción de medios como audio, texto, imagen y video. Se considera, por tanto, que el diseño web se engloba dentro del **diseño multimedia.**

Diseño multimedia
Disciplinas o técnicas que derivan del diseño gráfico como piedra fundamental o base práctica y teórica. En este contexto, el diseño multimedial puede considerarse como la técnica profesional de combinar diferentes medios para lograr comunicar un mensaje.

La definición del diseño de una página web, el alojamiento de una lista de los productos a ofertar o el tamaño de las imágenes que los describirán son tres de los aspectos a tener en cuenta en lo que a la comercialización *online* se refiere. El diseño que elijamos debe ser atrayente, tentador y fácil de usar. Además, se recomienda el **uso de una plantilla prediseñada** para la creación de la página.

La unión de un buen diseño con una jerarquía bien elaborada de contenidos aumenta la **eficiencia de la web** como canal de comunicación e intercambio de datos, que posibilita el contacto directo entre el productor y el consumidor de contenidos.

Diseño

Diseño visual de la información que se desea editar: en esta etapa, se trabaja distribuyendo el texto, los gráficos, los vínculos a otros documentos y otros objetos multimedia que se consideren pertinentes. Es importante que antes de trabajar sobre el ordenador se realice un bosquejo o prediseño sobre el papel. Esto facilitará tener un orden claro sobre el diseño.

Escribir

Una vez que se tiene este boceto se pasa a "escribir" la página web. Para esto, y fundamentalmente para manejar los vínculos entre documentos, se creó el lenguaje de marcación de hipertexto o HTML.

Posicionamiento

La tercera etapa consiste en el posicionamiento en buscadores o SEO. Esta consiste en optimizar la estructura del contenido para mejorar la posición en que aparece la página en determinada búsqueda; esta etapa no es del agrado de los diseñadores gráficos porque, a diferencia del texto, todavía no se pueden tener nuevos resultados en los buscadores con sitios muy gráficos.

7.1. Sistema de gestión de contenidos

El **gestor de contenidos** es una aplicación informática usada para la creación, edición, gestión y publicación de contenido digital en diversos formatos. Este permite elaborar páginas dinámicas, interactuando con el servidor para generar la página web bajo petición del usuario, con el formato predefinido y el contenido extraído de la base de datos del servidor.

De esta forma, un sistema de gestión de contenidos se define como un programa que permite crear una estructura de soporte ***(framework)*** para la creación y administración de contenidos por parte de los participantes principalmente en páginas web. Consiste en una interfaz que controla una o varias bases de datos donde se aloja el contenido del sitio.

IMPORTANTE

Este sistema permite manejar de manera independiente el contenido y el diseño.

Así, es posible manejar el contenido y aplicarle en cualquier momento un diseño distinto al sitio sin tener que darle formato al contenido de nuevo, además de permitir la fácil y controlada publicación en el sitio a varios editores.

En este sentido, la **medición** constituye un aspecto fundamental en la comercialización *online,* dado que de la visita de cada usuario podemos extraer una importante cantidad de información que nos ayuda a conocerles, averiguar qué temas son de su interés, cómo llegan a nuestra web o qué referencias han buscado por la red antes de dar con nosotros.

Una de las herramientas de mayor uso en lo que a la medición se refiere es el denominado **mapa de calor.**

DEFINICIÓN

Mapa de calor

Es un gráfico en el que se resaltan mediante un código de colores zonas concretas de una web en base a criterios como el número de clics o las áreas por las que pasa con más frecuencia el puntero.

El **objetivo** es obtener del comportamiento de los navegantes de una página datos útiles para mejorar aspectos de la misma: comprobar la visibilidad de ciertos elementos o evaluar los mejores sitios para la inclusión de publicidad.

7.2. Tipos de CMS *(Content Management System)*

Hay multitud de CMS en la actualidad; sin embargo, los más interesantes son los denominados **genéricos,** dado que ofrecen la plataforma necesaria para desarrollar e implementar aplicaciones que den soluciones a necesidades específicas.

Pueden servir para construir soluciones de gestión de contenidos, blogs, portales web o soluciones de comercio electrónico. Entre ellos, los más interesantes son *WordPress, OpenCMS* y *Joomla.*

En cuanto al diseño de una página web comercial, a continuación exponemos una serie de recomendaciones de gran utilidad:

Hacerlo todo más simple

- Salir del mundo interior.
- Menos *glamour*, más orden.
- Diseñar para conexiones vía módem.
- Textos. ¿Aburridos?
- Más color y gráficos, menos imágenes y efectos.
- No mezclar textos con gráficos.

Atracción

- Atraer, simplificar e ir a lo que importa.
- Enfocarse en lo que interesa.
- Informarse-aprender.
- Definir el problema.
- Aprender los principios de navegación.
- Buscar inspiración.

TAREA 11

Tomando como punto de partida los resultados mostrados en el siguiente mapa de calor, deberás:

- Distinguir las zonas frías y calientes que aparecen en la muestra.
- Proponer cambios para calentar las zonas frías.
- Supervisar el estado de la información suministrada a los clientes.
- Elaborar un informe con los resultados obtenidos del proceso, utilizando medios informáticos.

Para la realización de la tarea deberás consultar en todo momento el contenido que aparece publicado en la página <http://www.podiprint.com/>, imprenta digital, con base tecnológica y una incansable fuerza innovadora, especializada en la impresión de publicaciones bajo demanda.

TAREA 12

Observa la descripción del siguiente producto y supuesto grupo objetivo de usuarios:

Descripción del producto:

- Pantalón de cinco bolsillos, con tiro bajo y laterales rodados hacia atrás.
- PVP: 39,95 €

Segmento:

- Perfil experto, es decir, aquel consumidor que identifica las prendas y se informa a través de fuentes expertas, por lo que valora la ropa de calidad, mostrándose reacio a ir de compras.

Teniendo en cuenta la caracterización de dicho producto y el supuesto grupo objetivo de usuarios, diseña cómo debería ser la página web de la empresa que ofrece dicho producto, siguiendo unos criterios de usabilidad y facilidad adecuados a la compra *online*, utilizando para ello *software* a nivel de usuario.

Realiza la presentación del producto o servicio en la página web, recogiendo para ello imágenes, elementos y textos que permitan describir las características del mismo.

8. Resumen

Un buen diseño debe responder a los valores de marca y tiene que conectar con las personas, sobre todo, con el público. Con un buen diseño los posibles clientes serán atraídos más fácilmente, por lo que no debe descuidarse nunca este aspecto.

Una adecuada **imagen de marca** es imprescindible para cualquier tipo de negocio con independencia del tamaño o actividad de la organización o empresa; de esta manera, aplicar la creatividad profesional y establecer la comunicación y el diseño como una prioridad es un pequeño esfuerzo de inversión en proporción a los beneficios que se obtienen; de ahí, que resulte de vital importancia que las empresas destaquen sobre las demás, sobre todo, por la revolución que ha supuesto en la comunicación corporativa el uso de internet.

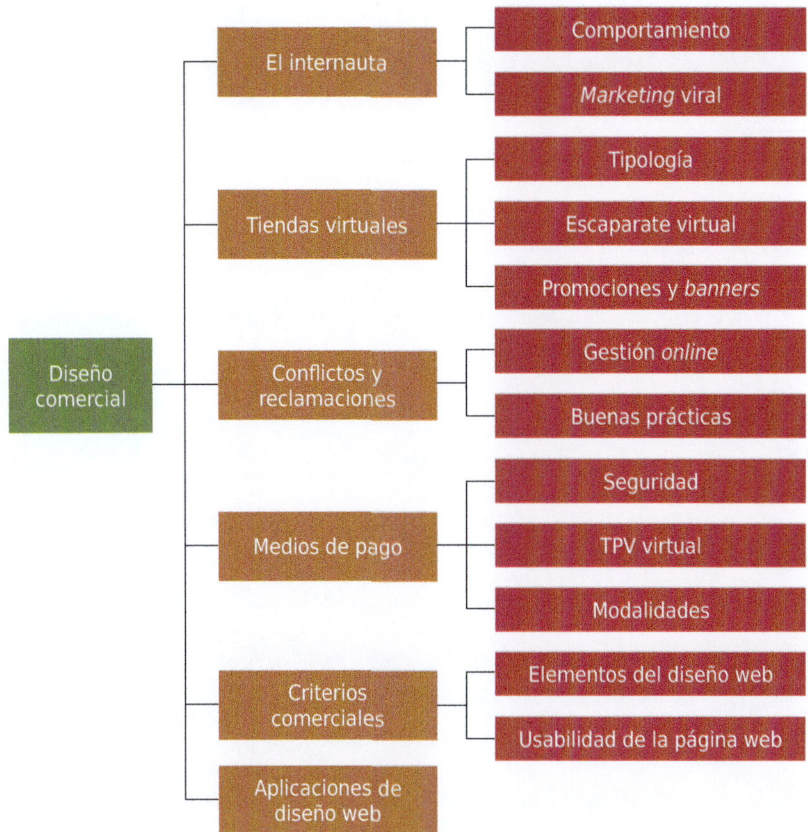

En este sentido, debe conocerse el **perfil del internauta** y los hábitos en la utilización de internet de los usuarios según su comportamiento, resaltando el papel que en la actualidad juega el ***marketing* viral** en el conocimiento de una determinada marca o producto.

Asimismo, a la hora de diseñar una página web deben tenerse en cuenta una serie criterios comerciales, así como los elementos que la componen y el grado de **usabilidad** como medida de la calidad de la experiencia que tiene un usuario cuando interactúa con un producto o sistema. Para llevar a cabo el diseño, existen **aplicaciones a nivel de usuario para el diseño web** de páginas comerciales.

Por último, al realizar operaciones comerciales, es fundamental el nivel de seguridad y confidencialidad que hay en torno a las distintas **modalidades y medios de pago** a través de internet, así como una adecuada gestión de la relación *online* con el cliente.

Ejercicios de autoevaluación Unidad de Aprendizaje 2

1. Los internautas que buscan su conveniencia de principio a fin y representan el segmento más atractivo para los comerciantes se denominan...

a. ... rutinarios.
b. ... conectores.
c. ... simplificadores.
d. ... surferos.

2. Identifica si las siguientes afirmaciones son verdaderas o falsas.

a. Los usuarios conectores son aquellos que acaban de ingresar en la red y están buscando razones para navegar por ella.

- Verdadero
- Falso

b. Los usuarios buenos negociantes visitan pocos sitios, normalmente de temática informativa o financiera, pero pasan casi el doble de tiempo que la media de usuarios en una página.

- Verdadero
- Falso

3. Relaciona cada tipo de *marketing* viral con sus características.

a. Pásalo
b. Viral incentivado
c. *Marketing* encubierto
d. *Marketing* del rumor

_ Se trata de un mensaje viral que se presenta como una web o noticia atractiva e inusual.
_ Se solicita a un usuario que pase un mensaje y se le ofrece por ello una recompensa.
_ El objetivo que persiguen estas campañas suele ser la búsqueda del enfrentamiento y la controversia.
_ Consiste en un mensaje en el que se anima al receptor a que lo envíe a sus contactos.

4. El elemento de diseño de una página web que abarca las cuestiones referidas al diseño de prototipos y patrones, al estilo y diseño de la imagen gráfica, y a aspectos relacionados con la usabilidad y la accesibilidad, se denomina...

a. ... producción.
b. ... definición.
c. ... estampación.
d. ... estructuración.

5. ¿Cuál de las siguientes opciones se considera un error en el diseño de las páginas web?

a. Utilizar un servidor de pago.
b. Exponer la información de contacto.
c. Conferir a la web un aspecto muy llamativo.
d. Hacer un uso adecuado de los menús desplegables.

6. Identifica si las siguientes afirmaciones son verdaderas o falsas.

a. La usabilidad mide cómo resulta de intuitiva y fácil de usar una página web para los usuarios.

- Verdadero
- Falso

b. Una tienda virtual pura incita a sus clientes potenciales a visitar el servidor web del comerciante, aun cuando no estén interesados en comprar en ese momento.

- Verdadero
- Falso

7. El *software* que asiste al cliente en su recorrido virtual por la tienda, anotando los productos que va indicando y calculando su importe final, se denomina...

a. ... trastienda virtual.
b. ... carrito de la compra.
c. ... PayPal.
d. ... CMS.

8. Relaciona cada tipo de descuento con sus características.

a. Vale diferido
b. Reembolso
c. Producto adicional
d. La oferta de autoliquidación

_ Consiste en proporcionar un vale o cupón que suele ir adherido al producto en el envase, etiqueta o envoltorio.
_ Esta oferta consiste en el incremento de la cantidad del producto, sin modificar el precio de venta al público.
_ Este tipo de promoción consiste en el abono de una cantidad al cliente que anteriormente adquirió un producto mediante el envío de la prueba de compra.
_ En esta promoción se puede acceder a la compra de un producto ofertado mediante la compra de un producto base, siendo ambos diferentes.

9. Determina cuáles son las características básicas del pago contra reembolso.

a. Aumento de la confianza del cliente.
b. Abono de cierta cantidad en concepto de fianza que se descuenta del pago final.
c. Presenta un alto índice de riesgo para la tienda virtual.
d. Las opciones a y c son correctas.

10. Identifica si las siguientes afirmaciones son verdaderas o falsas.

a. Si un consumidor desea presentar una reclamación ante una empresa, en primer lugar, realizará una denuncia administrativa ante las autoridades competentes.

- Verdadero
- Falso

b. Una vez celebrada la venta, el oferente del bien deberá acusar el recibo del pedido, ya que la orden de compra debe ser expresamente aceptada por el cliente, y confirmar la recepción de la aceptación del destinatario.

- Verdadero
- Falso

Glosario

Albarán
Nota de entrega referente al pedido solicitado, donde firma la persona que recibe la mercancía.

Apple Inc
Empresa dedicada a la comercialización de productos relacionados con la tecnología.

Asíncrona
Hace referencia a la comunicación diferida, no requiere la presencia simultánea de los comunicantes.

Autoliquidable
Es la promoción de ventas en la que se ofrece un premio a un precio reducido que cubre los costes y, sin embargo, es muy atractivo para el consumidor. El bajo coste se consigue al comprar un gran volumen o encargar una producción especial.

B2A *(Business to Administration)*
Actividad empresarial dirigida a la Administración Pública.

B2B *(Business to Business)*
Actividad empresarial dirigida a otras empresas.

B2C *(Business to Consumer)*
Actividad empresarial dirigida al cliente.

***Banner* (en español: banderola)**
Es un formato publicitario en internet. Esta forma de publicidad *online* consiste en incluir una pieza publicitaria dentro de una página web. Prácticamente, en la totalidad de los casos, su objetivo es atraer tráfico hacia el sitio web del anunciante que paga por su inclusión.

Blog
Sitio web periódicamente actualizado que recopila cronológicamente textos o artículos de uno o varios autores, apareciendo primero el más reciente, donde el autor conserva siempre la libertad de dejar publicado lo que crea pertinente.

Branding
Hace referencia al proceso de construcción de una marca.

Burofax
Servicio de fax, de valor fehaciente, en una oficina de correos.

Canon
Cantidad que se debe pagar por el uso de un determinado servicio en un período de tiempo.

Ciberconsumidores
Término que se usa para denominar a los clientes que realizan sus compras por internet.

CMS *(Content Management System)*
Sistema que ofrece la plataforma necesaria para desarrollar e implementar aplicaciones informáticas que den soluciones a necesidades específicas.

Click-trought
Cuando se pincha sobre un *banner,* el individuo es redirigido a la web del anunciante.

Clientes potenciales
Clientes que, aunque no son consumidores de un producto en la actualidad, cumplen los requisitos para poder serlos.

Comercio electrónico
Consiste en la compra y venta de productos o servicios a través de medios electrónicos, tales como internet y otras redes informáticas.

CoverFlow
Interfaz gráfica en tres dimensiones que permite el desplazamiento por los diferentes documentos o imágenes, a partir de representaciones visuales de los archivos, utilizando el ratón, el teclado o los gestos.

CSS u hojas de estilo en cascada *(Cascading Style Sheets)*
Es un mecanismo simple que describe cómo se va a mostrar un documento en la pantalla, cómo se va a imprimir o, incluso, cómo va a ser pronuncia-

da la información presente en ese documento a través de un dispositivo de lectura. Esta forma de descripción de estilos ofrece a los desarrolladores el control total sobre el estilo y el formato de sus documentos.

Dirección IP

Etiqueta numérica que identifica, de manera lógica y jerárquica, a la interfaz (elemento de comunicación/conexión) de un dispositivo (habitualmente un ordenador) dentro de una red que utiliza el protocolo IP *(Internet Protocol)*, que corresponde al nivel de red del Modelo OSI.

Diseño multimedial

Aquellas disciplinas o técnicas que derivan del diseño gráfico como piedra fundamental o base teórica y práctica. En este contexto, el diseño multimedial puede considerarse como la técnica profesional de combinar diferentes medios para lograr comunicar un mensaje.

E-business (negocio electrónico)

Se refiere al conjunto de actividades y prácticas de gestión empresariales resultantes de la incorporación a los negocios de las tecnologías de la información y la comunicación (TIC) generales, y particularmente de internet, así como a la nueva configuración descentralizada de las organizaciones y su adaptación a las características de la nueva economía.

E-commerce (electronic commerce)

Consiste en la compra y venta de productos o servicios a través de medios electrónicos, tales como internet y otras redes informáticas.

EDI *(Electronic Data Interchange)*

Sistema que permite enviar documentos de forma electrónica.

Eficacia/eficiencia

La eficacia es la capacidad de lograr un efecto deseado, esperado o anhelado. En cambio, eficiencia es la capacidad de lograr el efecto en cuestión con el mínimo de recursos posible.

E-mail (correo electrónico)

Sistema de intercambio de mensajes entre usuarios conectados a una red electrónica. Sirve para enviar mensajes entre usuarios conectados a la misma red, o entre usuarios que tienen sus máquinas conectadas a la red internet.

Encriptación

Es el proceso para volver ilegible información que se considera importante. La información, una vez encriptada, solo puede leerse aplicándole una clave. Se trata de una medida de seguridad que se usa para almacenar o transferir información delicada que no debería ser accesible a terceros. Pueden ser contraseñas, números de tarjetas de crédito, conversaciones privadas, etc. Para encriptar información se utilizan complejas fórmulas matemáticas, y para desencriptar se debe usar una clave como parámetro para esas fórmulas. El texto plano que está encriptado o cifrado se llama criptograma.

Escaparate virtual
Apariencia de la tienda virtual.

Factura
Documento expedido por el vendedor y que acredita legalmente las entregas de bienes y las prestaciones de servicios realizadas.

***Feedback* (retroalimentación)**
Se refiere al conjunto de reacciones o respuestas del receptor respecto a la actuación del emisor, el cual lo tiene en cuenta para cambiar su mensaje.

Fidelizar
Conseguir de diferentes modos que los empleados y clientes de una empresa permanezcan fieles a ella.

Frame
Fotograma o cuadro, una imagen particular dentro de una sucesión de imágenes que componen una animación. La continua sucesión de estos fotogramas producen a la vista la sensación de movimiento, fenómeno dado por las pequeñas diferencias que hay entre cada uno de ellos.

FTP *server*
Es un ordenador que funciona como servidor para ofrecer ficheros a través del protocolo de FTP a clientes FTP o a un navegador que lo soporte. Un ordenador debe tener un *software* servidor de FTP que "escucha" de la red las conexiones que pidan desde otras computadoras.

Garantía del producto
Período en el que se ofrece la reparación gratuita de un producto.

Gestor de contenidos
Aplicación informática usada para la creación, edición, gestión y publicación de contenido digital en diversos formatos.

Hardware
Conjunto de los componentes que integran la parte material de un ordenador.

Hipervínculo

También se conoce como hiperenlace. Es una referencia entre varias páginas que se encuentran en la red internet o intranet; consiste en una o más palabras diferenciadas por un formato diferente al resto del párrafo y que, al pinchar sobre ella con el ratón, permite navegar a un documento diferente que ampliará la información de las palabras del hipervínculo.

Hipertextualidad

Texto a partir del cual se puede ofrecer otra información.

Hosting

Es un servicio que ofrecen algunas compañías en internet que consiste en ceder un espacio en sus servidores para subir (alojar, hostear) un sitio web para que pueda ser accedido en todo momento de forma online.

HTML

Siglas de *HyperText Markup Language* («lenguaje de marcado de hipertexto»), hace referencia al lenguaje de marcado predominante para la elaboración de páginas webs que se utiliza para describir y traducir la estructura y la información en forma de texto, así como para complementar el texto con objetos tales como imágenes.

Interactividad

Relación recíproca entre dos o más personas o cosas.

Interfaz *(Interface)*

En informática, conexión física y funcional entre dos aparatos o sistemas independientes.

Internauta

Persona que haciendo uso de una aplicación en un ordenador obtiene información de internet o interactúa con otras personas mediante: correo electrónico, compartir archivos, discusiones en foros, redes sociales, etc.

Internet

Red informática mundial, descentralizada, formada por la conexión directa entre ordenadores mediante un protocolo especial de comunicación.

Intranet

Aplicación de los estándares de internet dentro del ámbito corporativo para mejor la productividad, reducir costes y mantener los sistemas de información existentes.

JavaScript

Es un lenguaje de programación interpretado, dialecto del estándar *ECMAScript*. Se define como orientado a objetos, basado en prototipos, imperativo, débilmente tipado y dinámico. Se utiliza principalmente en su forma del lado del cliente *(client-side)*, implementado como parte de un navegador web, permitiendo mejoras en la interfaz de usuario y páginas web dinámicas, en bases de datos locales al navegador, etc., aunque existe una forma de *JavaScript* del lado del servidor *(Server-side JavaScript* o *SSJS)*.

Joomla

Herramienta CMS *"Content Management Sistem"*.

Lista de distribución

Herramienta que permite el envío de un correo electrónico a un conjunto de direcciones.

Mailing

Herramienta de *marketing* consistente en el envío de publicidad por correo electrónico o postal.

Mapa de calor

Gráfico en el que se resaltan mediante un código de colores zonas concretas de una web, en base a criterios como el número de clics o las áreas por las que pasa con más frecuencia el puntero.

Marketing (mercadotecnia)

Conjunto de principios y prácticas que buscan el aumento del comercio, especialmente de la demanda; estudia los mercados para crear productos y servicios que satisfagan las necesidades de los clientes, y desarrolla programas de distribución y comunicación que permiten incrementar las ventas y satisfacer a los consumidores.

Marketing viral

Término empleado para referirse a las técnicas de *marketing* que intentan explotar redes sociales y otros medios electrónicos para producir incrementos exponenciales en "reconocimiento de marca" *(Brand Awareness)*, mediante procesos de autoreplicación viral análogos a la expansión de un virus informático.

Merchandising

Es la parte del *marketing* que tiene por objeto aumentar la rentabilidad en el punto de venta. Son actividades que estimulan la compra en el punto de venta.

Microsoft Outlook

Programa de organización ofimática y cliente de correo electrónico de *Microsoft;* forma parte de la suite *Microsoft Office.*

Middleware

Es un *software* que conecta dos aplicaciones.

Navegador web

Es una aplicación que opera a través de internet, interpretando la información de archivos y sitios webs para que estos puedan ser leídos (ya se encuentre esta red mediante enlaces o hipervínculos).

Nicho de mercado

Término de mercadotecnia utilizado para referirse a una porción de un segmento de mercado en la que los individuos poseen características y necesidades homogéneas, y estas últimas no están del todo cubiertas por la oferta general del mercado.

***Online* (en línea)**

Hace referencia a un estado de conectividad, frente al término 'fuera de línea' *(offline)* que indica un estado de desconexión.

***Pay as you go* (paga por lo que usas)**

Es la habitual forma de pago que tienen los servicios *hardware* y *software* del *cloud computing,* donde pagas por aquello que consumes como por ejemplo uso de CPU, megas consumidos, etc., o por su potencial consumo como, por ejemplo, los pagos por los usuarios que utilizarán la plataforma *hardware* o *software.*

PayPal

Empresa estadounidense, perteneciente al sector del comercio electrónico por internet, que permite la transferencia de dinero entre usuarios que tengan correo electrónico, siendo una alternativa al tradicional método en papel como los cheques o giros postales. También procesa peticiones de pago en comercio electrónico y otros servicios web, por los que cobra un porcentaje.

Pestaña (inform.)

Elemento de la interfaz de un programa que permite cambiar rápidamente lo que se está viendo sin cambiar de ventana, que se usa en un programa o menú.

Pop-up (ventana emergente)
Denota un elemento emergente que se utiliza generalmente dentro de la terminología web. Son ventanas que emergen automáticamente (por lo general sin que el usuario lo solicite), mientras se accede a ciertas páginas web. A menudo, las ventanas emergentes se utilizan con el objeto de mostrar un aviso publicitario de manera intrusiva.

Posicionamiento web
Conjunto de procedimientos que permiten colocar un sitio o una página web en un lugar óptimo entre los resultados proporcionados por un motor de búsqueda.

Post
En el contexto específico de los blogs, *post* es sinónimo de 'entrada'. Los *posts* son los artículos que vamos publicando en el cuerpo del blog y que se ordenan de manera cronológica. Por lo general, cada post tiene un título y un cuerpo del artículo donde se pueden introducir textos, fotografías, códigos HTML e, incluso, audios.

Promoción
Herramienta de *marketing* que consiste en incentivar a corto plazo la adquisición de un producto o servicio.

Propiedad intelectual
Se refiere a la protección de los derechos sobre las creaciones de la mente humana.

Pyme
Acrónimo de Pequeña y Mediana Empresa.

Quejas/reclamaciones
Expresión de insatisfacción hecha a una organización con respecto a sus productos.

Redes de comunicación
Instrumentos de comunicación con una infraestructura que permite a dos o más personas comunicarse en diferentes espacios físicos.

Regateo
Técnica por la que el vendedor hace una rebaja al precio inicial del producto a partir de la negociación con el cliente.

Servicio posventa

Servicio complementario a la venta que ofrecen las empresas para mantener el contacto con el cliente.

Sitio web

Es una colección de páginas de internet relacionadas y comunes a un dominio de internet o subdominio en la *World Wide Web* en internet. Una página web es un documento HTML/XHTML que es accesible generalmente mediante el protocolo HTTP de internet.

***Smart card* (tarjeta inteligente)**

También llamada 'Tarjeta con Circuito Integrado' (TCI), es cualquier tarjeta del tamaño de un bolsillo con circuitos integrados que permiten la ejecución de cierta lógica programada.

Software

Conjunto de programas, instrucciones y reglas informáticas para ejecutar ciertas tareas en un ordenador.

Spam

Se llama *spam,* correo basura o mensaje basura a los mensajes no solicitados, no deseados o de remitente no conocido (correo anónimo), habitualmente de tipo publicitario, generalmente enviados en grandes cantidades (incluso masivas) que perjudican de alguna o varias maneras al receptor. La acción de enviar dichos mensajes se denomina *spamming.*

Suscriptor

Individuo inscrito en una lista para recibir información sobre temas de su interés.

Target

El *target* o 'mercado objetivo' es el segmento del mercado al que está dirigido un bien, ya sea producto o servicio. Generalmente, se define en términos de edad, género o variables socioeconómicas.

Telemarketing

Estrategia de *marketing* en la que se usa el teléfono para intentar informar sobre un producto o servicio.

Teletrabajo

Abarca las actividades que se llevan a cabo remotamente, fuera del lugar de trabajo habitual.

TIC
Tecnologías de la Información y la Comunicación.

Tienda virtual
Comercio tradicional que utiliza como medio para difundir su oferta un sitio web.

TPV
Acrónimo de 'Terminal Punto de Venta' (en inglés POS terminal o *point of sale terminal*). Hace referencia al dispositivo y tecnologías que ayudan en la tarea de gestión de un establecimiento comercial de venta al público, que puede contar con sistemas informáticos especializados mediante una interfaz accesible para los vendedores.

URL (*Uniform Resource Locator* o localizador de recursos uniforme)
Es una secuencia de caracteres, de acuerdo a un formato modélico y estándar, que se usa para nombrar recursos en internet para su localización o identificación como, por ejemplo, documentos textuales, imágenes, videos, presentaciones digitales, etc.

Usabilidad
Neologismo que se refiere a la facilidad con que las personas pueden utilizar una herramienta particular o cualquier otro objeto fabricado por humanos con el fin de alcanzar un objetivo concreto. La usabilidad también puede referirse al estudio de los principios que hay tras la eficacia percibida de un objeto. Es un término que no forma parte del diccionario de la Real Academia Española (RAE), aunque es bastante habitual en el ámbito de la informática y la tecnología.

Ventana
Espacio delimitado en la pantalla de un ordenador, cuyo contenido puede manejarse independientemente del resto de la pantalla.

Visita guiada
En el ámbito del comercio electrónico, consiste en la presentación de un video mediante el cual se orienta al usuario acerca del recorrido a seguir y, además, se consigue atraer de forma muy visual a los posibles compradores o interesados.

Website (sitio web)
Es una colección de páginas de internet relacionadas y comunes a un dominio de internet o subdominio en la *World Wide Web* en internet.

Wiki

Sitio web cuyas páginas pueden ser editadas por múltiples voluntarios a través del navegador web. Los usuarios pueden crear, modificar o borrar un mismo texto que comparten.

World Wide Web (www)

Es un sistema de distribución de información basado en hipertexto o hipermedios enlazados y accesibles a través de internet. Con un navegador web, un usuario visualiza sitios web compuestos de páginas web que pueden contener texto, imágenes, videos u otros contenidos multimedia y navega a través de esas páginas usando hiperenlaces.

X

Es una red social y servicio de microblogging que permite a sus usuarios enviar y leer microentradas de texto de una longitud máxima de 280 caracteres denominados *posts*.

Wiki
Sitio web cuyas páginas pueden ser editadas por múltiples voluntarios a través del navegador web. Los usuarios pueden, por ejemplo, modificar o borrar un mismo texto que comparten.

World Wide Web (WWW)
Es un sistema de distribución de información basado en hipertexto o hipermedios enlazados y accesibles a través de Internet. Con un navegador web, un usuario visualiza sitios web compuestos de páginas web que pueden contener texto, imágenes, vídeos u otros contenidos multimedia, y navega a través de esas páginas usando hiperenlaces.

[illegible]

Bibliografía

Monografías

→ CAMPS Morales, J.: *El comercial: claves imprescindibles para triunfar en la venta.* Madrid: ESIC Editorial, 2010.

En este libro se describen de manera detallada todos aquellos aspectos que envuelven a la actividad comercial, es decir, desde la concertación de visitas y la entrevista comercial hasta el *marketing*, la fidelización de clientes, el CRM o la correcta gestión del tiempo.

→ GAITÁN, J. J. y PRUVOST, A. G.: *El comercio electrónico al alcance de su empresa.* Santa Fe (Argentina): Centro de Publicaciones de la UNL, 2001.

En esta obra los autores llevan a cabo un exhaustivo análisis sobre las barreras del comercio electrónico y sus reglas como fenómeno en continua expansión.

→ MOLINILLO Jiménez, S.: *'Intermediarios electrónicos' en Distribución comercial aplicada.* Madrid: ESIC Editorial, 2014.

La distribución comercial, el consumidor en el establecimiento detallista, la selección del canal o la estrategia de localización y *merchandising* son algunos de los aspectos más relevantes de esta obra.

→ TOSETE Herranz, F.: *Arquitectura de la información: fundamentos del diseño de sedes en la World Wide Web.* [S.l.]: Sociedad Española de Documentación e Información Científica (SEDIC), 2002.

El autor de esta publicación profundiza en los fundamentos del diseño web, centrándose en la fijación del proceso en sí y en los aspectos a tener en cuenta en el diseño de un website.

→ SCHNEIDER, G. P.: *Comercio electrónico.* Escocia: Ed. Thomson, 2013.

En este libro el autor analiza de manera detallada el fenómeno del comercio electrónico, tanto en la comunicación como en la transferencia de pago, así como las tecnologías involucradas durante su proceso.

Textos electrónicos, bases de datos y programas informáticos

→ Website sobre comercio electrónico, de: <www.todoecommerce.com>.

Website especializado en la publicación de contenido relacionado con el *e-commerce*, los negocios internacionales, la investigación de mercados y el estándar de seguridad de los medios de pago.

→ Maestros del web, de: <www.maestrosdelweb.com>.

Web especializada en la publicación de guía y tutoriales, en la que aparece recogida una breve introducción sobre el comercio electrónico, tiendas y centros de compras en la red.